U0109028

楊孫西

著

隨緣筆耕

楊孫西文集

中華書局

楊孫西先生簡介

　　楊孫西先生是香港著名社會活動家、企業家。楊先生一直積極參與社會活動，曾任第十屆、十一屆全國政協常委，現任香港友好協進會歷屆全國人大代表、全國政協委員、海聯會理事事務委員會主任，及民建聯會務顧問、中國和平統一促進會香港總會創會理事長、香港中華廠商聯合會永遠名譽會長、香港中華總商會永遠名譽會長、全港各區工商聯創會會長等職。2014 年 7 月，獲特區政府頒授最高榮譽大紫荊勳章。2019 年，武夷山市政府聘請楊孫西先生為市政府顧問。

　　上世紀六十年代末至七十年代，楊孫西先生創辦了香港國際針織製衣廠，其後逐步引導業務國際化和多元化發展。楊孫西先生歷任香江國際集團董事長，同時兼任三家上市公司獨立非執行董事。

　　楊先生在發展事業之餘不忘教育，他是福建石獅市第一中學創辦人，亦擔任內地多所大學校董會會董，以及清華大學教育基金會理事、清華大學人文學院資深研究員、香港理工大學顧問委員會榮譽委員、南京大學顧問教授。楊先生奉獻社會的同時筆耕不輟，他親身參與改革開放和「一國兩制」兩大國策交融的歷程，於高處立眼，於行中致知，把自己豐富的親身經歷、深切感受與睿智思考分享給社會，對讀者啟示良多。

目　錄

第七章　　**兩岸一家親　港台關係密**

自 序

　　隨緣一世，一世隨緣。「隨」是順其自然，是一種達觀，是一種灑脫，是一份人情的練達；世間萬事萬物皆有相遇、相隨的可能性。「有緣即住無緣去，一任清風送白雲。」緣無處不有，無時不在。人生有所求，求而得之，我之所喜；求而不得，我亦無憂。

　　拙著書名為《隨緣筆耕》，寓意用隨緣的心態，以筆代耕。古人說「意在筆先」，筆耕實際上是「心織」「心耕」與「意耕」，因此敲鍵輸入仍然要建立在深思熟慮的基礎上。

　　我在香港創建香江國際集團幾十年來，深切地認同：「我給祖國的僅僅是一份愛，祖國卻給我一個舞台。」1979 年，內地進入改革開放的新時代，集團逐步把業務發展成國際化和多元化。

　　我一直積極參與社會活動，曾任第八屆、九屆全國政協委員；第十屆、十一屆全國政協常委。1995 年獲委任為香港特別行政區籌備委員會委員，是籌委會內「第一任行政長官小組」和「經濟小組」成員。1994 年至 1997 年，被國務院港澳辦及新華社香港分社委任為港事顧問。2003 至 2005 年，為香港中華廠商聯合會會長和香港貿易發展局理事。2004 年被香港特區政府委任為大珠三角商務委員會委員和經濟及就業委員會委員。2014 年 5 月，被清華大學人文學院聘請為資深研究員。2014 年 7 月，獲特區政府頒授大紫荊勳章。

　　我的感覺是，隨緣而不放棄追求，隨緣而不在意榮譽，以豁達的心態去面對生活，關心港事、國事、天下事，就能做到「寵辱不

驚，閒看庭前花開花落；去留無意，漫隨天外雲卷雲舒。」(《菜根譚》)

回望改革開放和「一國兩制」兩大國策交融激盪、相得益彰的偉大歷程，可以清晰看到，改革開放孕育了「一國兩制」，「一國兩制」為香港順利回歸、保持長期繁榮穩定並在國家改革開放中繼續發揮不可替代的作用，提供了根本保障。兩大國策交融激盪的偉大歷程，我都有緣參與其中，可說是幸運之至。

國際輿論認為，如果要排列二戰後影響世界格局的最重要國際事件，就是中國因改革開放而崛起，因實施「一國兩制」翻開了世界歷史嶄新的一頁。中國改革開放在短短 40 餘年走過了發達國家幾百年的發展歷程，創造了人類文明發展的奇跡。充滿中國智慧的「一國兩制」是中華民族為世界和平與發展作出的新貢獻，在人類政治文明史上書寫了精彩奪目的新篇章。

《隨緣筆耕》記錄了我經歷和參與改革開放和「一國兩制」兩大國策交融歷程的所思、所想、所感、所愛，輯錄成書時我對書中文章作了必要的修訂。作為國家改革開放與香港實踐「一國兩制」的見證人和參與者，我與上述兩大國策密切交融，既沉浸在內，又有所探詢。我在與歷史和現實共融中一路寫來，那情景就像在高處俯視晚霞下一座座自己曾經越過的遠山，充滿滄桑而又恢宏的意境。現在，「一國兩制」事業正站在新的歷史起點上，面臨着難得的歷史機遇和嚴峻的挑戰，祈望拙著中的感觸和思緒能對此有所借鏡，則善莫大焉。是為序。

楊孫西

二〇一九年冬日

第一章

「一國兩制」行穩致遠

導 言

從歷史源流而言，「一國兩制」是由毛澤東、周恩來奠基，由葉劍英提出初步輪廓與構想，由鄧小平最終確定實行，再由習近平進一步豐富和完善的理論。「一國兩制」是中國的一個偉大創舉，是中國為國際社會提供的一個新思路新方案，是中華民族為世界和平與發展作出的新貢獻，凝結了海納百川、有容乃大的中國智慧。「一國兩制」開創了國家統一的和平方式與國家治理的嶄新模式，已成為中國特色社會主義的重要組成部分，是中央政府在新時期治國理政面臨的重要課題，成為中華民族偉大復興中國夢這一時代樂章的重要篇章。

「一國兩制」在香港實踐的成功，提升了「一國兩制」的道路自信、理論自信、制度自信、文化自信：在道路上，「一國兩制」作為香港的社會政治路徑和模式，是行得通的；在理論上，「一國兩制」讓香港充分發揮一國之本與兩制之便，凸顯了「一國兩制」理論上的包容性；在制度上，「一國兩制」在確立中央全面管治權之餘又不損害香港的高度自治，體現了「一國兩制」的優越性；在文化上，「一國兩制」廣受港人與國際社會高度認同，香港仍然是東西文化兼容並蓄的地方。

從「一國兩制」提出到在香港率先垂範和行穩致遠，凝聚了無數人的心血、智慧與奉獻，他們為推動國家發展、促進香港回歸祖國和「一國兩制」成功實施作出了積極貢獻。

毛澤東在香港問題上的戰略決策

—— 紀念毛澤東誕辰 125 周年

　　毛澤東是中華人民共和國的締造者，但許多人不知道，他老人家是保持香港繁榮穩定的最早決策者。今天，在紀念毛澤東主席誕辰 125 周年的時候，我們不妨花些時間，回顧一下歷史。

解放軍兵臨深圳河停步的原因

　　1949 年 10 月，解放軍解放了廣州，兵臨深圳界河邊，卻停止了腳步。這其中的原因到底是什麼？難道是害怕英國在香港的一萬多名駐軍嗎？當年 12 月 19 日香港《華僑日報》頭版頭條的報道道出了其中的秘密：「毛澤東已保證香港地位安全，英國年內承認中共。」

　　作為 20 世紀最偉大的政治家之一，毛澤東生前雖未能親自踏上香港這片土地，但是卻長期關注香港問題，欣賞和重視香港，並為香港回歸做好一切戰略和政治外交方面的準備。

　　解放軍不打香港並非是到解放廣州時才臨時決定的，事實上毛澤東對此問題早有考慮。

　　我們聽聞早在 1946 年 12 月，毛澤東就說過，對香港我們現在不提出立即歸還的要求，中國那麼大，許多地方都沒有管理好，先急於要這塊小地方幹嘛？將來可按協商辦法解決。

　　1949年初，全國大局已定，毛澤東與斯大林代表米高揚談話時說：「目前，還有一半的領土尚未解放。在這種情況下，急於解決香港、澳門的問題，也就沒有多大意義了。相反，恐怕利用這兩地的原來地位，特別是香港，對我們發展海外關係、進出口貿易更有利些。」

毛澤東對香港問題高瞻遠矚

　　我認為，毛澤東早在青年時代就形成了「中國是世界的一部分」，要從世界看家鄉、從世界看中國的觀念。在第二次世界大戰後形成的冷戰格局中，毛澤東早就意識到，以美國為首的西方國家，會極力阻止中共上台執政，一旦中共執政，它們則會對中國實行封鎖禁運。而香港作為英國在遠東政治經濟勢力範圍的象徵，暫時留在英國人手裏，比立即收回顯然更加有利。因為，英美之間、英歐之間在對華政策上存在矛盾，英國為了保護自己在遠東的利益，就不能完全跟着美國走，來封鎖中國。相反，為了維護香港的穩定和發展，必須要和中國保持較好的關係。

　　他老人家看到，香港是大英帝國在遠東政治經濟勢力範圍的象徵。在這個範圍內，美國和英國存在着矛盾，因此，在對華政策上也有極大的分歧和矛盾。中國把香港留在英國人手上比收回來好，也比落入美國人的手上好。香港留在英國人手上，就可以擴大和利用英美在遠東問題對華政策上的矛盾。在這個情況下，香港對我們大有好處，大有用處。就這樣，香港成了中國對外部世界的瞭望台、氣象台和橋頭堡，通往東南亞以至亞非拉和西方世界的跳板。

　　當時，毛澤東在香港問題上所採取的上述政策，受國際上一些

共產黨的批評，他們認為中國對帝國主義的態度過於軟弱，一個社會主義國家竟然會允許殖民地的存在。毛澤東回應說，各個帝國主義國家歷史上與中國的許多條約有的已經失效，有的已經廢除。香港、九龍小部分是割讓的，大部分是租的，租期是 99 年，還有 34 年才滿期。我們主張在條件成熟的時候，經過談判和平解決遺留問題。香港是通商要道，如果我們現在就控制它，對世界貿易、對我們同世界的貿易關係都不利，我們暫時不準備動它。

毛澤東「營造」香港戰後繁榮

正是因為毛澤東有這樣的戰略決策，新中國成立不久，英國就在西方資本主義國家中第一個承認新中國，與新中國談判建立外交關係。也正因為毛澤東有這樣的戰略決策，當西方國家跟隨美國對中國實施封鎖禁運時，中國能夠通過香港這一特殊管道，進口石油化工等重要戰略物資。而到中蘇關係破裂、中國在陸上的進出口通道完全被封閉之時，香港更幾乎成為中國與外部世界聯繫的唯一通道。在此期間，香港不僅對祖國內地的經濟建設起了不可替代的重要作用，功不可沒，它本身也因此而獲得快速發展，很快成為「亞洲四小龍」之一。

作為香港人，大家有目共睹，新中國成立後，中共一直恪守着「協商解決」的決策，正視英國在香港的「治權」，不干涉香港內政，即使在「文化大革命」時期全國都處在極其混亂的狀態，香港本身也發生大規模反英「風暴」之時，毛澤東在此問題上始終未發生過任何動搖。

大家知道，為了維持香港繁榮穩定，中共高層一直要求有關領

導不能拿內地的眼光去看香港，更不能用內地的辦法去干涉香港。為了保證香港同胞的福利，中央政府採取了一系列特殊政策，以優惠價格為香港提供生活必需品、淡水和工業原料，即使在最困難的三年時期（1959－1961）也從無中斷，價格低於國際市場。六十年代初，由於天旱，香港用水緊張，存水量告急，中央政府作出決定「香港居民百分之九十五以上是我們自己的同胞，供水工程應由我們國家舉辦，列入國家計劃」。結果，東江之水跨山而來，解決了香港的水荒。

我曾聽學者說：「香港就是這麼奇怪的城市。信仰社會主義的中央政府支持它繁榮」，「北京提供了戰後幾十年香港社會穩定的客觀條件，也給了投資者充分的信心——實際上，香港戰後幾十年的『繁榮與安定』環境，是北京營造的。」而北京之所以能夠在香港「營造」這樣的環境，很大原因是毛澤東的遠見卓識和「協商解決」的正確戰略政策。

今天我們以書畫展的形式，來紀念毛澤東誕辰 125 周年，十分有特色，有意義。我們紀念毛澤東，對其無量功德不僅應該牢記在心，而且更應以實際行動落實之，使香港能夠在「一國兩制」的大框架下，真正長期保持社會安定和諧，經濟發達繁榮，民生歡樂幸福。這是毛澤東在 60 多年前所樂見的香港，也是我們港人今天所企盼的香港。

最後，再次感謝書畫家們為這次展覽創作的優秀作品。感謝藝術香港等主辦、協辦機構工作人員的辛勤勞動。

（此文為「藝術香港」等機構主辦的「領袖毛澤東書畫展」序言）

周恩來與「一國兩制」

　　周恩來是中國共產黨、中華人民共和國和中國人民解放軍的主要締造者和領導人之一。周恩來作為「一國兩制」構想奠基人之一，做出的貢獻是巨大的。早在 20 世紀 60 年代初，他就根據毛澤東在對台問題上提出的一些觀點，概括了用「一綱四目」和平統一祖國的方案。此後，他一直為實現這一方案而努力。「一綱四目」方案後來被葉劍英、鄧小平所繼承，形成了「一國兩制」構想。

周恩來和毛澤東商定和平統一祖國方案

　　周恩來一生鞠躬盡瘁死而後已，他生前重任在肩夙夜在公，對香港也一直牽掛於心。青年時代的周恩來曾三次踏上香港土地。三次來港經歷，使周恩來對香港社會有了感性認識，也促使他日後與毛澤東對香港作出「暫不收回，維持現狀」的戰略決策。

　　1956 年 7 月，周恩來和毛澤東一起商定了和平統一祖國的方案。在中央政治局會議取得一致意見的基礎上，1956 年 7 月 29 日，中央發出《關於加強和平解放台灣的指示》，確定了用「多方影響，積極並且耐心爭取的方針」，促成和平統一。此後不久，周恩來在會見一些朋友時，代表中央政府提出了國共和談與和平統一祖國後的設想與辦法，主要內容是：如果台灣回歸祖國，「一切可以照舊」，台灣「現在可以實行三民主義，可以同大陸通商，但是不要派特務來破壞，我們也不派『紅色特務』去破壞他們，談好了可

以訂個協議公佈」。「台灣可以派人來大陸看看，公開不好來就秘密
來」。周恩來還提出台灣回歸祖國後國民黨可派代表參加全國人民代
表大會和中國人民政治協商會議的問題。周恩來提出的這些設想和
辦法，不僅包含了「一國兩制」構想，而且包含了實行這一構想的
具體措施，具有可操作性。

《關於香港問題》包含四個實質內涵

1957 年 4 月 28 日，周恩來在上海工商界人士座談會上發表了
《關於香港問題》的講話，這個講話包含了四個實質性內涵：一是中
國一定要實現祖國統一，香港一定要收回；二是收回香港主要採取
和平方式；三是中國統一後，在一個中國前提下可以實行兩種制度：
大陸實行社會主義制度，香港實行資本主義制度；四是實行一個國
家兩種制度，對我國進行社會主義建設是有利的。周恩來強調了四
個實質性內涵，實際上是說給台灣當局聽的，他通過這次講話，勾
畫出了祖國統一後的初步藍圖。

周恩來在《關於香港問題》的講話中所提出的祖國統一構想的
意義是多方面的，但最本質的意義在於：這是首次提出的關於對香
港和台灣實行「一國兩制」的構想，而且一經提出，其基本點就已
經大體具備了。這是中共用「一國兩制」方式解決台港澳問題的最
早思路，為此後中共處理這一問題打下了基礎。

新中國成立後，周恩來對香港大到政治問題，小到民生問題，
傾注了大量心血。這些工作對香港經濟的發展、政治局勢的穩定、
人民生活的保障都起了積極的作用。周恩來時刻都為香港的回歸而
努力着，他在努力爭取香港回歸的同時，更寄希望於香港同胞，希

望他們同內地同胞一起為香港的回歸而努力鬥爭。1970 年後，隨着
國際環境改善和我國地位提升，周恩來多次明確提出條件成熟後中
國將對香港恢復行使主權。

病危中的周恩來重申對香港的特殊政策

1972 年 10 月，周恩來接受英國記者訪問時首次提出解決香港
問題時間表：「香港的未來一定要確定，租約期滿中英雙方必須談
判，從中國拿走的領土必須歸還……」1974 年 5 月，周恩來陪毛
澤東會見英國前首相希思時指出「香港在 1997 年要有一個平穩的交
接」。1975 年底，病危中的周恩來還重申對香港的特殊政策，指示
香港回歸後可在一定時期實行資本主義。

據報載，2017 年 6 月 18 日，美國有線電視新聞網（CNN）根
據英國政府解密檔案，披露周恩來在 1958 年向一名英方官員發出警
告。當時有人正密謀令香港成為與新加坡相似的自治領土，在英國
及港英政府內均獲得支持。周恩來對此表達不滿，警告「任何（令
香港）邁向自治領土狀況的舉措，都將會被視為非常不友善」。周恩
來的警告，體現了中國把主權問題看得很重，對英國考慮使香港「獨
立」，變成「第二個新加坡」，或搞「國際共管」，是當頭棒喝。

回顧香港回歸歷史進程，其中凝聚着周恩來對香港的濃厚深
情，也凝結着他的高瞻遠矚和英明決策。今天「一國兩制」實踐取
得舉世公認的成功，歸根結底是毛澤東、周恩來等老一輩無產階級
革命家奠定的基業。

（本文是為紀念周恩來誕辰 120 周年而作）

鄧公對中華民族澤潤深遠

　　2004 年 8 月 22 日，是一代偉人鄧小平誕辰一百周年紀念日。在我的心中，鄧公是一位歷史的巨人，是中華民族的英雄，是中國的驕傲，是他身後一代代愛國者的偉大楷模。

鄧公奉獻給中華民族和世界內涵豐富的示範

　　鄧公奉獻給中華民族和世界的智慧，是如此豐富、博大和澤潤深遠。鄧公提出「一國兩制」偉大方針，被國際社會稱為「二十世紀世界戰略史上從來沒有攀登過的新高峰」。

　　「一國兩制」是和平解決國際爭端的成功實踐。和平解決國際爭端是現代國際法的基本原則。1928 年《巴黎非戰公約》正式提出以和平手段解決國際爭端的基本原則，此後《聯合國憲章》《國際法原則宣言》等文件均對此予以確認。我國歷來堅持和平解決國際爭端，反對使用武力或以武力相威脅。根據「一國兩制」方針，中英自 1982 年起就香港問題開始進行磋商，通過 17 輪和平談判最終達成《中英聯合聲明》。香港問題的和平解決，對內順應了國情民意，避免了恢復行使主權過程中社會動盪，以較小代價實現了平穩過渡，有利於保持香港長期繁榮穩定。對外，避免了訴諸戰爭或武力手段，成為了國際法上成功解決國家間歷史遺留問題的光輝典範，得到了國際社會的廣泛讚譽，為他國解決類似爭端提供了示範和借鑒。

一代偉人為國為民的偉大胸襟

　　鄧公是中國改革開放的總設計師，1978 年當時 74 歲的鄧公已是古稀之年，按理說完全可以退出政壇安享晚年，然而鄧公沒有忘記「將中國建設成為富強民主文明的社會主義現代化國家」的歷史使命，鄧公承擔起了這一歷史使命，力挽狂瀾，推動時代的車輪滾滾向前。鄧公不顧高齡，嘔心瀝血，從理論、目標、方針、政策、措施、步驟各個方面，設計改革開放藍圖，一步一步把改革開放和現代化大業推向前進，使中國人民的生活從貧窮邁向小康。鄧公 88 歲的時候，還懷着滿腔改革的熱血，不辭勞苦，巡視南方，發表著名的南方談話，把中國的發展推上了一個新台階。

　　「一國兩制」拓展了和平共處原則的適用範圍。新中國成立後，我國提出互相尊重領土主權、互不侵犯、互不干涉內政、平等互利、和平共處的五項原則，將其作為處理國家間關係的準則。在此基礎上，鄧公以偉大政治家的智慧，創造性地把適用於國家間的和平共處原則應用到一國內部不同社會制度之間。鄧公提出的以「一個國家，兩種制度」的辦法解決香港問題，完全是從香港的實際情況出發，是充分照顧到香港的歷史和現實情況的，旨在保障中國人民和幾百萬港人的安寧生活，體現了一代偉人為國為民的偉大胸襟。

筆者親自見證香港回歸祖國歷史進程

　　早在 1984 年 6 月 22 日、23 日，鄧小平分別會見香港工商界訪京團時，在關於香港問題的談話中就對愛國者定義有着清晰的表述。他說，「什麼叫愛國者？愛國者的標準是，尊重自己民族，誠心

誠意擁護祖國恢復行使對香港的主權，不損害香港的繁榮和穩定。只要具備這些條件，不管他們相信資本主義，還是相信封建主義，甚至相信奴隸主義，都是愛國者」。顯而易見，鄧公所指的「愛國」與「愛港」是統一的。毋庸諱言，實施「一國兩制」「港人治港」，當然必須以愛國愛港為主體的港人來治理香港，這應是社會的共識。

實踐是檢驗真理的標準，當我們今天重溫鄧小平關於「一國兩制」和「港人治港」的內涵，以及愛國者標準等問題的談話時，顯然有着重要的歷史和現實意義。筆者曾於香港回歸前被國務院港澳辦及新華社香港分社委任為港事顧問；後又任香港特別行政區籌備委員，是籌委會內「第一任行政長官小組」和「經濟小組」成員。親自見證了香港回歸祖國的歷史進程，撫今追昔更深切感受到鄧小平的精闢論斷，至今仍然是正確認識和處理香港問題的指導方針。

回望歷史和擁抱現實，可以更深刻體會到鄧公對中華民族澤潤深遠。鴉片戰爭後，外國列強對中國進行鯨吞蠶食，孫中山領導辛亥革命結束封建帝制走向共和；1949 年，毛澤東一聲「中國人民站起來了」，多少中華兒女熱淚盈眶、熱血沸騰，中華民族終於挺直腰桿站了起來；鄧小平一句「貧窮不是社會主義」，醍醐灌頂，振聾發聵，經過改革開放以來的不懈奮鬥，中國經濟實力、科技實力、國防實力、綜合國力進入世界前列中華民族終於逐漸富了起來。

走向共和以及站起來，富起來，強起來，揭示了中華民族走向偉大復興的歷史邏輯，使歷史悠久的華夏古國重新勃發生機，使中國融入世界，真正屹立於世界民族之林。

歷史會永遠記住鄧公

2017 年 2 月 19 日，是世紀偉人鄧小平逝世 20 周年，各地舉行了多種紀念活動，以此表達對鄧公的深切緬懷和崇高敬意。鄧小平晚年曾説過：香港回歸了，我一定要到香港去看一看，去我們收回的土地上走一走、看一看。遺憾的是，他沒有等到這個日子。但是，歷史將會記住提出「一國兩制」創造性構想的鄧小平先生。

事實上，香港市民永遠不會忘記這位偉人，是他造就了今日香港的獨特優勢。當年正是按照他提出的「一國兩制」偉大構想與指明的方針，中國政府通過外交談判成功地解決了香港問題。回歸後，中國政府堅定不移地執行「一國兩制」「港人治港」、高度自治的基本方針，保持香港原有的社會、經濟制度和生活方式不變，法律基本不變。

美國傳統基金會發表報告，連續 23 年將香港評為世界最自由經濟體；這亦是香港回歸祖國後，所獲得的第 20 次「最自由經濟體」的評價。回歸以來，連年持續獲此最高讚譽，彰顯香港實施「一國兩制」得到舉世公認的成果。

值得關注的是，在《經濟自由度指數》報告的 12 項評估因素當中，香港在其中 8 項取得 90 分或以上的佳績，在「財政健康」「貿易自由」和「金融自由」方面，更排在全球首位。同時，基金會讚揚香港的司法制度優質、社會風氣廉潔、監管制度高效，以及市場開放，這些在在體現香港實施「一國兩制」的獨特優勢。

　　2014 年 9 月 22 日，國家主席習近平在北京人民大會堂會見香港工商專業界訪京團時強調，中央政府對香港的基本方針、政策沒有變，也不會變。2015 年 12 月 23 日，國家主席習近平在中南海會見來京述職的香港特別行政區行政長官梁振英時強調的是，中央貫徹「一國兩制」方針堅持兩點：一是堅定不移，不會變、不動搖；二是全面準確，確保「一國兩制」在香港的實踐不走樣、不變形，始終沿着正確方向前進。

　　應該看到，推動「一國兩制」事業發展，保持香港長期繁榮穩定，繼續發揮香港在國家發展中的獨特作用，是實現「兩個一百年」奮鬥目標和中華民族偉大復興中國夢的重要組成部分。因此，中央貫徹「一國兩制」方針堅定不移，不會變、不動搖。習近平主席強調的「不走樣、不變形」既是要求，又是警示。

《文匯報》 2017-03-09

習近平豐富「一國兩制」內涵

　　「一國兩制」實踐取得的巨大成功，是後人繼承前人、接力向前推進的結果。十八大以來，以習近平為核心的黨中央全面準確貫徹「一國兩制」方針，牢牢掌握憲法和基本法賦予的中央對香港、澳門全面管治權，深化內地和港澳地區合作發展，妥善應對和處理一系列重大問題，推動「一國兩制」事業開創新局面、邁上新台階。

　　「一國兩制」在香港實踐過程中，習近平充分展現其高瞻遠矚、運籌帷幄的領袖風範，彰顯心繫香港、情繫港人的人格魅力，充分體現了將香港納入國家治理體系的政治智慧和雄才大略。

習近平為「一國兩制」行穩致遠指路引航

　　習近平與香港淵源深厚，他主政福建、浙江等地時，就曾多次來港考察；擔任國家副主席期間，更直接分管港澳事務，對香港事務非常熟悉和重視，對香港發展非常關心和支持。針對回歸以來「一國兩制」在香港特區實踐過程中出現的新情況、新問題，習近平提出並實施了一系列具有理論創新和實踐創新意義的處理港澳事務、解決港澳問題的重大戰略舉措。

　　習近平在提出「中國夢」「兩個一百年」的奮鬥目標，「四個全面」戰略佈局，「一帶一路」倡議等創新性重大理念、重大舉措中，

把實現中華民族偉大復興的宏偉目標，與推動香港「一國兩制」實踐深入發展，保持香港長期繁榮穩定，增進港澳與國家融合發展，增進廣大港人福祉，充分結合起來，豐富完善了國家治理觀，對促進港澳「一國兩制」偉大事業深入發展，意義重大、影響深遠。

2012 年，習近平主持起草的十八大報告，深入闡述了「一國兩制」方針的科學內涵，明確提出了港澳工作的總體要求，反映了中央對「一國兩制」實踐及其規律性認識的不斷深化。2014 年發表的《「一國兩制」在香港特別行政區的實踐》白皮書，是對十八大報告的進一步解讀，目的是針對在「一國兩制」方針政策和基本法認識上的模糊和片面理解，正本清源，撥亂反正。

兩大國策交融激盪相得益彰

回歸後的香港，與內地的聯繫日益密切。一方面，香港繼續作為內地聯繫國際市場的橋樑和引入資金、技術、管理經驗的視窗，為內地的改革開放和現代化建設作出重要貢獻；另一方面，香港以內地廣闊的腹地為依託，從內地的快速發展中獲取了更多發展機遇和不竭發展動力。

回望改革開放和「一國兩制」兩大國策交融激盪、相得益彰的偉大歷程，可以清晰看到，改革開放孕育了「一國兩制」，「一國兩制」為香港順利回歸、保持長期繁榮穩定並在國家改革開放中繼續發揮不可替代的作用提供了根本保障。回歸以來，香港走上了與祖國內地優勢互補、共同發展的寬廣道路。

　　過去 30 多年，由於內地的改革開放，香港不少小企業成為全國性的大企業。未來 30 多年，香港的新一代，除了有內地的機遇，還有「一帶一路」的國外機遇，可將香港企業進一步發展成為跨國企業。業內人士預測，伴隨着「一帶一路」穩步推進、人民幣國際化及中國內地經濟「走出去」，國家必將更倚重港澳的特殊作用，香港將迎來眾多嶄新的發展機會。

《香港商報》　2016-07-07

發展是解決香港問題的金鑰匙

在香港回歸祖國 20 周年之際，國家主席習近平蒞臨香港視察，習主席提出「始終聚焦發展這個第一要務」的要求，冀加強兩地合作，推動香港發展。

令人遺憾的是，近來校園播「獨」事件，挑戰「一國兩制」和香港基本法，破壞了香港的發展環境。「港獨」活動的存在，不僅嚴重危害國家的主權、安全，亦嚴重影響香港社會繼續成為世界上其中一個最安全及穩定的社會。

習主席在特區政府就職典禮上，再次回顧了香港的百年滄桑巨變，並且提出不斷推進「一國兩制」在香港的成功實踐，是中國夢的重要組成部分。習主席精闢地概括了香港特別行政區成立 20 年取得的成績、存在的問題和今後的努力方向。落實習主席提出的「始終聚焦發展這個第一要務」的重要指示，就要以實際行動支持行政長官和特區政府依法施政、支持香港經濟發展和民生改善、支持「一帶一路」「粵港澳大灣區」建設和人民幣國際化等國家戰略，確保「一國兩制」在香港的實踐行穩致遠。

發展是香港的立身之本

中國正處於距離實現民族偉大復興最接近的時刻，即將舉行的中共十九大將總結成功經驗，領導中國人民為實現中國夢的第一個百年奮鬥目標 —— 全面小康決戰決勝，並為本世紀中葉實現全面現

代化的第二個百年奮鬥目標打好基礎。只要社會各界聚焦習主席視察香港時提出的要求，堅持「一國兩制」不動搖，在中央政府的大力支持下，齊心協力，奮發圖強，就一定能再譜香港新篇章，再創新輝煌。

習主席指出，始終聚焦發展這個第一要務。發展是永恒的主題，是香港的立身之本，也是解決香港各種問題的金鑰匙。香港是一個多元社會，對一些具體問題存在不同意見甚至重大分歧並不奇怪，但如果陷入「泛政治化」的漩渦，人為製造對立、對抗，那就不僅於事無補，而且會嚴重阻礙經濟社會發展。只有凡事都着眼大局，理性溝通，凝聚共識，才能逐步解決問題。從中央來説，只要愛國愛港，誠心誠意擁護「一國兩制」方針和香港特別行政區基本法，不論持什麼政見或主張，我們都願意與之溝通。

香港背靠祖國、面向世界，有着許多有利發展條件和獨特競爭優勢。特別是這些年國家的持續快速發展為香港發展提供了難得機遇、不竭動力、廣闊空間。事實上，對於香港的發展，中央一直高度重視。如香港產業發展、青年前景問題、落實「一地兩檢」、參與大灣區、「一帶一路」建設等問題，都是關注和正在規劃中的問題。據報道，中央將大力推動祖國內地與港澳的交流合作，為港澳長期繁榮穩定和衷共濟、凝心聚力，促進社會和諧，維護香港的長期繁榮穩定！

白皮書為推進「一國兩制」指路

2014 年 6 月 10 日，國務院新聞辦公室發表了《「一國兩制」在香港特別行政區的實踐》白皮書，首度全面總結「一國兩制」在港實踐歷程，闡述中央對港方針政策，對未來實踐「一國兩制」具有重要指導意義。值得關注的是，白皮書將在香港實踐「一國兩制」提升到整個國家發展的層面和意義上，並指出不斷豐富和發展「一國兩制」在香港特別行政區的實施，保持香港的長期繁榮穩定是中國夢的重要組成部分，也是完善和發展中國特色社會主義制度、推進國家治理體系和治理能力現代化的必然需求。

必須維護國家主權、安全和發展利益

這部白皮書有系統地闡述了 17 年來「一國兩制」在香港特區的實踐情況，以及中央政府對香港發展的回顧、評價和展望。白皮書裏提到「一個國家、兩種制度」，以及中央和香港關係相當重要。白皮書特別指出，在香港特別行政區各項事業取得全面進步的同時，「一國兩制」在香港的實施也有新的情況。香港社會有一些人沒有完全適應這種重大的歷史轉折，特別是對「一國兩制」方針政策和基本法有片面的理解和不正確的認識。

白皮書指出，要把「一國兩制」在香港特別行政區的實踐繼續推向前進，並且必須從維護國家主權、安全和發展利益，保持香港長期穩定繁榮的根本宗旨出發，全面準確地理解和貫徹「一國兩制」

的方針政策。在香港落實好、實踐好「一國兩制」對於香港是有積極意義的，以至於對整個國家的未來發展、實現中國夢都有實在的積極的意義。

愛國者治港具法律依據

白皮書指出，愛國者治港也是具有法律依據的。憲法和香港基本法規定設立香港特別行政區，就是為了維護國家的統一和領土完整，保持香港長期繁榮穩定。白皮書強調，堅持「一國原則」，最根本的是要維護國家主權、安全和發展利益，尊重國家實行的根本制度以及其他制度和原則。應該看到，堅持「一國兩制」和尊重兩制差異、維護中央權力和保障特別行政區高度自治權，發揮祖國內地的堅強後盾作用和提高香港自身競爭力，必須有機結合起來，任何時候都不能夠偏廢。

白皮書首次提到，「特區行政長官是香港貫徹落實『一國兩制』方針政策和基本法的第一責任人」，這就意味着特首要雙負責，首先要對中央政府負責，第二要對特區負責。中央通過白皮書全面表達了對香港政改的原則立場，清楚劃定依照基本法和人大決定落實普選的法律底線和普選產生的特首人選必須愛國愛港的政治底線，對香港的普選討論指明方向。顯而易見，香港政改與國家安全息息相關，普選的最大問題，就是不能出現一個與中央對抗的特首，若由一個與中央對抗的人擔任特首，將會威脅國家安全，損害香港長遠利益。

把握國家快速發展機遇

　　白皮書指出，在「一國兩制」的實踐下，香港與內地的經貿合作不斷深化，尤其是 CEPA 及其補充協定的實施，有力消除香港與內地在貿易、投資等方面的制度性障礙，深化兩地經貿關係，拓寬兩地合作領域，實現兩地的互利共贏。通過繼續鞏固提升香港既有優勢，可以進一步發揮作為國家引進外資人才吸收國際先進技術和管理經驗的窗口作用；而國家實施「走出去」戰略的橋樑作用，對內地加快轉變經濟發展方式、經濟管理方式有助推作用，這使香港具有得天獨厚的優勢。

《文匯報》 2014-06-21

積極擔當「一國兩制」踐行者

　　「一國兩制」是中國的一個偉大創舉，作為一項前無古人的開創性事業，「一國兩制」需要在實踐中不斷探索。因而在港全面準確貫徹落實「一國兩制」，將是特區政府，以及香港社會各界不可迴避的責任。

　　鄧小平先生當年提出的「一國兩制」科學構想在香港的實踐是成功的，具有強大的生命力，也為國際社會所公認。回歸祖國以來，香港保持了繁榮穩定，保持國際金融、貿易、航運中心的地位，總體態勢是好的。顯而易見，港人是「一國兩制」的踐行者和最大受益人，最有利於香港、最能保證港人切身利益的制度就是「一國兩制」。

　　香港有必要全面抓住「一帶一路」、粵港澳大灣區的戰略機遇，明確定位，使香港的人才、資金、金融服務等優勢，在更廣闊的平台上發揮更重要的作用。隨着「一帶一路」發展和粵港澳大灣區建設展開，香港各界應發揮所長，把握千載難逢的發展機遇！

　　香港位於「一帶一路」的重要節點，實施「一國兩制」，擁有金融、航運、物流、專業服務等獨特優勢。香港的高度開放和比較完善的市場、國際商業網絡、與國際接軌的法律體系、自由和通暢資訊交流，使其能夠在國家「一帶一路」建設中發揮獨特作用。香港還是亞洲首選的資產和財富管理中心，有世界一流的金融基礎設施，以及完善的投資者保障，服務對象遍及世界各地。隨着「一帶一路」的實施，中國對外投資將快速增長，走出國門的企業會不斷

增加，香港可以成為內地企業走出國門和開展跨國經營的平台。

粵港澳大灣區作為國家級的區域發展戰略，不僅對本港最具競爭優勢的行業如金融、物流、法律、現代服務業等有利，亦能夠幫助解決包括住房、教育、年輕人的發展等瓶頸問題，是香港經濟再次騰飛的巨大機遇，更好更深入地參與共建大灣區，應是當前的主要優先工程，應積極主動拿出全面合作發展的具體策略和措施，大力推動大灣區建設，並藉此振興香港經濟，實現長遠發展。

作為外向型細小經濟體，貿易是香港的支柱產業之一，而香港九成以上的貿易是服務貿易。粵港澳大灣區的落實，正好為香港提供一個絕佳契機和發展空間，讓香港在參與大灣區建設的同時，不斷提升自身競爭力。顯而易見，大灣區將為香港傳統產業等提供發揮空間，亦為港近年大力培育的創科提供良好環境，給經濟發展帶來新的增長點。

粵港澳大灣區對香港服務出口有更大的刺激作用，比如醫療、教育等方面，不僅僅越來越多內地人往來香港，接受醫療服務或進修，香港的醫療和教育機構也向大灣區擴展，更好地服務內地，增強香港的競爭力！

《文匯報》 2017-10-17

「一國兩制」造就香港獨特優勢

　　2017 年 3 月 5 日，十二屆全國人大五次會議的政府工作報告在有關港澳的部分強調：要繼續全面準確貫徹「一國兩制」「港人治港」「澳人治澳」、高度自治的方針，嚴格依照憲法和《基本法》辦事。確保「一國兩制」在香港、澳門實踐不動搖、不走樣、不變形。全力支持香港、澳門特別行政區行政長官和政府依法施政。發展經濟、改善民生、推進民主、促進和諧。

　　中國政府通過外交談判成功地解決了香港問題，「一國兩制」是鄧小平提出的偉大構想。回歸後，中國政府堅定不移地執行「一國兩制」「港人治港」、高度自治的基本方針，保持香港原有的社會、經濟制度和生活方式不變，法律基本不變，從而造就了今日香港的獨特優勢。

　　2016 年 7 月 1 日，習近平在中國共產黨成立 95 周年大會發表講話時，讚揚「一國兩制」取得舉世公認的成功，無論遇到什麼困難及挑戰，中央對「一國兩制」的信心及決心都絕不會動搖。2015 年 12 月 23 日，習近平強調，中央貫徹「一國兩制」方針堅持兩點：一是堅定不移，不會變、不動搖。二是全面準確，確保「一國兩制」在香港的實踐不走樣、不變形，始終沿着正確方向前進。

　　推動「一國兩制」事業發展，保持香港長期繁榮穩定，繼續發揮香港在國家發展中的獨特作用，是實現「兩個一百年」奮鬥目標和中華民族偉大復興中國夢的重要組成部分。因此，中央貫徹「一國兩制」方針堅定不移、不會變、不動搖。習近平主席強調的「不

走樣、不變形」既是要求又是警示。

　　改革開放以來，中國成長為世界第二大經濟體，尤其在近年全球經濟持續不景氣的情況下，內地經濟的表現更是成為全球經濟發展新的引擎，香港也因此受益，得以在逆境中取得平穩增長；在促進全球一體化和貿易自由化等方面，國家也一直是熱烈的擁護者和推動者，從不同層面給香港的發展創造良好環境。

　　2017 年是香港回歸 20 周年。回顧 20 年來香港的發展之路，「一國兩制」造就了香港的獨特優勢。1997 年香港回歸後所實施的新舉措，使其得以較其他增長市場脫穎而出，扮演中國的離岸全球金融中心角色，成為中國內地和世界其他地區主要貿易和融資的橋樑。香港已成為全球最大的人民幣離岸中心、IPO 規模連續蟬聯全球第一，也是亞洲最大的資產管理市場，並成功應對了兩次全球規模的金融危機。這些在在彰顯實施「一國兩制」為香港帶來龐大的商機，激發了發展動力。事實證明，「一國兩制」在香港獲得成功，國家亦一直鼓勵和幫助香港堅持並發揮自身的「兩制」優勢。

《香港商報》 2017-03-20

發揮港區政協委員雙重作用

在「一國兩制」方針下，港區政協委員所具備的廣泛性和代表性，既可在國家事務中履行政治協商、民主監督、參政議政的主要職能，也可有效地協調香港社會各界，在化解社會矛盾方面發揮積極作用。作為港區政協委員，既要在內地經濟社會發展中建言獻策，也要在維護和推進「一國兩制」的偉大實踐中，敢於發聲，堅決貫徹中央對香港的方針政策，支持特區政府依法施政，維護香港的長期穩定繁榮。

人民政協發展壯大

「一甲子風雨同舟，六十年肝膽相照」。在偉大祖國六十華誕紀念日來臨之際，中國人民政治協商會議也迎來了六十周年慶典。

中央對新世紀新階段人民政協事業提出了明確要求，做出了「壯大愛國統一戰線，團結一切可以團結的力量」的重要部署。在 2006 年北京「兩會」召開前夕，中央發佈了《中共中央關於加強人民政協工作的意見》。在這份指導新世紀、新階段人民政協事業發展的綱領性文件中，從六個方面闡述了必須大力加強人民政協工作，充分發揮人民政協的作用。事實證明，「堅持和完善人民政協這種民主形式，既符合社會主義民主政治的本質要求，又體現了中華民族相容並蓄的優秀文化傳統，具有鮮明的中國特色。發展社會主義民主政治，建設社會主義政治文明，要善於運用人民政協這一政治組織

和民主形式。」值此人民政協 60 周年之際，作為一名對人民政協懷有深厚感情的香港地區政協委員，我深信在中國共產黨的正確領導下，人民政協將不斷鞏固和發展壯大，並取得更加輝煌的成就。

發揮優勢有效協調

港區政協委員來自於社會各界和各黨派團體人士，在國家事務中履行政治協商、民主監督、參政議政的主要職能，具有位置超脫、人才聚集和聯繫面廣的優勢。中央政府給予港區政協委員很大的參政議政空間，使他們能在國家政治、經濟、文化和教育等各方面有充分的發言權，貢獻自己的才智。港區政協委員每年參加社會調查，並到不同的地方參觀考察，深入了解各方面情況，並通過提案和大會發言等形式反映社會各方面的真實情況和呼聲。同時，參加各專門委員會，圍繞關係國計民生的重大問題深入研討，提出了不少頗有見地的建議和意見，並為有關機構和部門認可和接受。

隨着香港與內地建立起更加緊密的經貿關係，兩地在文化、教育等層面的聯繫不斷擴大，港區政協委員對內地的知情權和議事範圍似應進一步拓展，才能發揮更大的作用。港區政協委員要堅持走同祖國內地優勢互補、共同發展的寬廣道路，共同維護國家主權，維護香港長期繁榮穩定。

《文匯報》 2009-09-29

「中國航天人」精神值得港人學習

2005 年 10 月 17 日凌晨，中國神舟六號載人飛船在經過 115 小時 32 分鐘的太空飛行，完成了中國真正意義上有人參與的空間科學實驗後，返回艙順利着陸，兩名航天員費俊龍、聶海勝安全返回。這標誌着中華民族為人類探索太空的偉大事業作出了新的重大貢獻。

據報道，中國載人航太工程實施以來只有十三個年頭，而這一項工程又是中國航天史上規模最大、系統組成最複雜、技術難度最高、協調面最廣的跨世紀工程。顯而易見，中國在短短的時間內獲得成功的最重要原因是在中央的直接領導下，全國各相關單位和部門上下一條心，統一指揮、統一調度，努力實現着人力、物力和財力的最佳組合。各部門、各單位堅持有困難共同克服，有問題共同研究，有風險共同承擔，使各種優勢資源得到了有效集成。

這次中國神舟六號載人飛船的成功是中國全體航太工程技術人員、科學家、幹部職工和部隊官兵無私奉獻、團結拚搏的集體智慧結晶。

從電視畫面上人們看到，兩名航天員費俊龍、聶海勝既沉着冷靜，又充滿信心。他們表現出的不僅是可貴的敬業精神，而且具有為國家、為民族而獻身的大無畏氣概。記得「神五」航天員楊利偉訪港時，香港市民在各種場合與楊利偉進行直接交流，真情對話，又從通宵開放的中國首次載人航天展覽中了解到，能夠承擔航天任務的人，必須具備一般人所不具備的體能、技能和素質。從費俊龍、聶海勝身上，港人再次感受到這種「中國航天人」的英雄本色，

看到了中華民族進入了一個「英雄輩出」的時代，為此受到極大的鼓舞和激勵。這對香港今後的發展前途將產生不可估量的社會效益。

在中國神舟六號飛船再次載人航天圓滿成功之後，行政長官當日即向中央提出，希望邀請兩名航天員費俊龍、聶海勝訪港，這對香港是一件非常有意義的事，從一個側面體現了「一國兩制」精神。航天英雄親自來香港，與香港市民見面，固然是件難得的喜事。然而，在歡迎航天英雄訪港時，是否也應該思索一下，如何學習「中國航天人」精神，同心協力建造和諧繁榮的新香港。可以預見，未來賴以推動全國經濟和綜合國力向前的航天科技，其經濟效益巨大，而香港在這些科技領域乃一片空白。香港整體的教育和科技發展如何與祖國內地共同促進航天科技的發展，如何全面提高香港青少年的科技文化水平，從小培養優秀素質，這是值得政府和社會各界認真探討和研究的。

《文匯報》 2005-10-18

港青出路與國家發展戰略關聯

鄧小平的「一國兩制」「五十年不變」奠定了中央治港政策的基調。回歸以來，香港背靠祖國更佔盡天時地利人和的優勢，香港實施「一國兩制」對國家、對香港，乃至世界都有非凡的意義。香港一百五十年來積累了很多國際資源。這些國際資源，在國家新一輪的改革開放，特別是以「一帶一路」為引領的戰略部署中，將起到獨特的作用。

香港還可以更多地發揮自身的優勢，當然也可以抓住內地發展的機遇，只要是有利於香港長期繁榮穩定，有利於增進香港民眾福祉，特區政府提出來的事，中央政府都會全力支援。

回歸祖國後的香港，與內地的聯繫日益密切。一方面，香港繼續作為內地聯繫國際市場的橋樑和引入資金、技術、管理經驗的窗口，為內地的改革開放和現代化建設作出重要貢獻；另一方面，香港以內地廣闊的腹地為依託，從內地的快速發展中獲取了更多發展機遇和不竭的發展動力。香港背靠祖國、面向世界，具有得天獨厚的區位優勢，正面臨着實現更大發展的難得歷史機遇。

幫助港青提高競爭力

習近平主席在 2017 年「七一」講話時，特別提到青年問題。應該看到，青年是國家和香港的未來，社會各界應耐心聆聽青年聲音，了解其需求，共同創造更好條件，協助他們面對挑戰，適應社

會發展，增加成功機會。如今香港青年人所面臨的現實及環境，已和過去大不一樣，社會應多一些理解和關心，以更包容的心態，解決香港青年問題。

當下青年人的訴求，都是要生存、求發展、實現人生理想，解決方法也應從發展經濟、改善民生、增加機會着手。時至今日，國家「十三五」規劃、「一帶一路」、建設科技強國等發展戰略，為香港帶來龐大商機，亦為香港青少年增加發展機會。關鍵要善於引導、組織，幫助港青提高各種能力、尋找發展空間。香港的天時地利俱在，前途廣闊，機遇就在手裏，港青應遵紀守法、發揮才智，為自己也為香港開創更美好的未來。

《大公報》 2016-07-05

「一地兩檢」安排造福香港

2017 年 12 月 27 日，全國人大常委會全票通過，批准在高鐵西九龍站實施「一地兩檢」，並明確香港特區應立法保障「一地兩檢」得以實施。在「一國兩制」下，國家在合適的時機基於需要，可以給予香港在內地設立特殊口岸的權利，適用特別行政區法律，這些都屬於中央行使主權權利和全面管治權的範圍，完全合法合理。其出發點就是要推動香港經濟社會發展以及與內地的交流和深度融合，形成更加有效的發展態勢和格局。

在西九龍站設立內地口岸區，不改變香港特別行政區的區域範圍，不改變內地與香港的出入境管制制度，不減損香港居民依法享有的權利和自由，不減損香港特別行政區的管轄權，符合基本法第 7 條特區土地所有權和使用管理的規定。全國人大常委會同時對「一地兩檢」不適用於基本法第 18 條作出說明，指內地派駐機構依照內地法律履行職責，範圍嚴格限制在內地口岸區內，不同於基本法第 18 條規定的將全國性法律在整個香港特區實施的情況。

「一地兩檢」的實施，依照《合作安排》，內地的出入境檢查、海關、檢驗檢疫等機關，其權力是法律固有的，並沒有侵犯到香港相應機關的執法權。

廣深港高鐵全線開通運營，香港融入了世界最大的高鐵網，將大大加強香港與珠三角以及內地的溝通和聯繫，也將直接改變香港和內地間人員的往來方式。乘客可以享受到更加優質、便捷的運輸服務，同時也給港人提供多一條出行選擇，市民可以在西九龍站一

次過辦理兩地的出入境手續。「一地兩檢」合作安排，實際上是將口岸前移至九龍，更是針對出入境的「服務上門」，在為民眾帶來便利的同時，促進兩地交流。

　　無論從特區政府還是中央的角度，「一地兩檢」的實施，都有利兩地交流，促進兩地經濟社會發展，造福兩地民眾。正如深圳灣口岸一樣，在口岸實施「一地兩檢」安排行之有效，將為內地和香港市民帶來很大便利。國家高鐵網絡迅速發展，港人和各地旅客都希望本港能順利完成相關立法程序，令高鐵能按時投入服務，發揮最大效益，盡快享受高鐵的便捷。隨「一帶一路」的開展，中國與中亞、西亞甚至歐洲的高鐵聯繫也進入議事日程。

　　由香港乘搭高鐵，9小時內可抵達北京，8小時直通上海，成功構建粵港澳大灣區「一小時生活圈」，不僅交通便利，更重要的是，香港青年有更廣闊的發展空間。香港旅遊界認為，「一地兩檢」的有關安排完成立法並正式落實後，將有助簡化旅客出入境手續，推動香港發展「一程多站」旅遊定位，發揮「國際城市旅遊樞紐」作用，吸引國際旅客以本港為起點，再前往內地其他省市旅遊。故此，筆者期待有關方面攜手合作，做好高鐵及港珠澳大橋兩項基建的相關配套服務設施。

中國入世給華商帶來巨大商機

中國經過十餘年的努力後終於正式加入世貿。在爭取入世的戰略決策指引下，促進了中國的改革開放；中國的市場、法律、政府和企業的運作機制等，也都在迅速同國際接軌，整個國家以更加開放、更負責任的形象出現在國際舞台上。可以相信，中國的開放、改革和發展都會進入嶄新階段，將為世界華商提供廣闊的發展空間。但是，如何把握新的機遇與中國加強經貿合作？以哪個經濟領域為主要投資和發展路向？這是需要加以研究的。

把握入世首五年商機

毋庸置疑，中國龐大的市場和無限商機足以令全球商家垂青。近幾年，中國每年吸引外商直接投資大體保持在四百多億美元的水平，連續八年居發展中國家首位。事實證明，投資者只要有資金或技術，便可在中國龐大的市場中獲得更多財富。

顯而易見，中國新一輪的經濟增長正在開始，這將給世界華商帶來更多商機。但是，這些商機不是自然而然可以獲得。業界人士分析，作為發展中國家，中國入世必將是一個市場逐步開發過程，因此，首五年對包括華商在內的所有投資者來說是關鍵期，能否把握良機，乃是贏得中國入世後龐大市場商機的關鍵。

現代服務業商機無限

　　中國政府在制定未來經濟發展方略時提出，要加快發展服務業，提高第三產業在國民經濟中的比重。中國的現代服務業領域非常廣闊，可謂商機無限，如銀行業、保險業、物流業、旅遊業、中介服務業都是中國入世後亟待發展的服務產業。應該看到，經濟全球化和資本一體化的發展趨勢，必然帶來中介服務的國際化。

　　中國要建立和發展規範、開放的中介服務市場，也須借助加入世貿組織的機會學習引進世界發達國家的中介機構發展的成熟理念、現代技術手段；而國際中介機構進入中國也需要融入本土文化和人才本土化。另外，中國這樣大的中介服務市場，需求也是多層面的，必然會讓包括華商在內的所有進入中國的世界各國投資者在開拓培育市場的過程中得到發展，以縮短中國中介服務業與國際中介服務業的差距。特別是中國政府提出新一輪的開放要轉向「走出去」與「引進來」相結合，一改過去側重引入的單向格局，這顯示出中國對國外的現代服務需求上升。

　　世界各地的華商擁有國際商業網路等優勢，若能迅速滲透這些服務業領域，並將業務同所在國的相關行業對接起來，將大有發展。在現有基礎上，華商應加大軟硬件建設的力度。特別是要利用發達的信息網絡，盡快加強收集和溝通海內外市場信息，以全新的形式，在更深的層面為外國企業進入中國，以及中國企業進入國際市場提供一流的現代服務。同時，可聯合中國企業到外國投資設廠，為中國企業的海外發展提供信貸、上市等集資渠道；亦可以香港為發展平台，建立「一站式」的綜合服務基地，為中國內地提供行政管理、產品設計、推廣營銷、財務分析管理和法律顧問等項服務。

新型產業為合作重點

在國家發展的新形勢下，進一步改革開放，以擴大內需解決通縮，謀求更大的發展空間，乃是國家今後經濟政策的方向。但是，為應對全球經濟低迷的複雜形勢，中國政府將適當地調整經濟格局。

據報道，中國政府已經將發展新型製造工業作為調整現行工業佈局的基本策略，國家今後的投資將集中於經濟命脈和國家安全領域，會讓出更大的產業發展市場空間，並出台開放新型產業的政策，推進產業結構優化升級，積極發展高新技術產業，改造提升傳統產業，重視發展有利於擴大就業的勞動密集型產業。顯而易見，新型產業可作為投資的重點。華商若能從投融資、高新技術等各方面與中國企業合作，取長補短、互通有無，將能提高合作各方在全球範圍的競爭力，給企業創造無窮的機會。

在目前世界經濟放緩的大環境中，中國和其他國家或地區不同，有豐富的資源，有廉價的勞力，也有廣大的市場。長江三角洲及沿江地區迅速崛起，將成為繼沿海開放地區之後，又一個國家經濟最發達、最具活力、開放水平最高的經濟區域，也是新一輪國際資本集聚的首選地。而中國西部是一片廣袤而又富饒的土地，這一地區擁有東南沿海地區與長江三角洲地區所缺乏的能礦資源，特別是水能、煤炭、石油、天然氣、有色金屬和草場等資源非常豐富，開發潛力巨大。因此，華商投資的重點區域，除可繼續參與中國珠三角經濟區的開發外，同時可進一步投資長江三角洲，進而拓展中國的中西部地區。

（該文係作者在第七屆世界華商大會的發言）

緬懷徐四民老先生

2007 年 9 月 9 日，香港鏡報文化企業有限公司董事長徐四民先生與世長辭，我不禁悲從中來，且悵然若失，痛惜本港政壇又失去了一位德高望重的泰斗。香港社會各界人士高度評價徐四民先生一生愛國愛港、光明磊落、思想深邃和仗義執言。他的辭世，無疑是愛國愛港事業的重大損失。對於我而言，是實實在在地失去了一位亦師亦友的老前輩。

「老政協」參政議政永不言退

徐老是土生土長的緬甸華僑，也是中華人民共和國歷史的忠實見證人之一。1949 年，35 歲的徐四民被邀請出席中國人民政治協商會議第一次會議，擔任第一屆全國政協委員。1954 年他更當選為第一屆全國人大代表。但從第一至第七屆任全國政協委員，第八至第九屆任全國政協常委，徐老可謂「老政協」。中央人民政府駐港聯絡辦副主任王鳳超在去年的一次公開活動上曾這樣評價：「長期以來，徐老為香港的穩定和發展，為國家的建設獻計獻策，不遺餘力，雖遇困難和挫折，但堅定執着、無怨無悔。」這使當時坐在台下的徐四民先生激動得熱淚盈眶。

幾十年來，徐老「敢言人之所欲言，敢言人之所不敢言」，被香港傳媒稱為「徐大炮」。在香港抨擊反中亂港勢力，他炮火猛烈，毫不留情，大是大非面前絕不含糊。在內地，他不僅積極就國家的發

展方針獻計獻策，也主動向中央有關主管部門反映港人所遇到的各種實際困難。幾十年來，他就是通過參政議政這種方式來報效祖國的。由於年事漸高，徐老從 2003 年 3 月起就不再擔任全國政協常委了，但是徐老的言論和筆桿沒有退休，他的思想更沒有退休，時時關心國家的發展，關心香港的穩定，真正把自己的一生與祖國的命運緊密相連。

亦師亦友二十年後輩獲提點

在人民政協的「大家庭」數十年，徐老提攜指點後輩更是不遺餘力。徐四民先生是早期僑居緬甸的福建鄉賢，與我份屬福建老鄉。我是在八十年代中認識徐老的，當時我獲任福建省政協委員，他則作為福建省政協的特邀代表參加會議。那時，徐老就非常關心我們這些「政協新兵」，經常與我們論政議事，從此開始了二十多年亦師亦友的情誼。徐老退下後，我們幾個福建籍的政協委員有時會在離港赴京開會之前，專門去看望徐老，並向他請教，聽取建議和意見，每次都能得到他具前瞻性的提點。

作為愛國華僑領袖，徐老在新中國成立後舉家回國定居，其後來香港創辦《鏡報》。在香港回歸祖國的歷程中，徐老秉筆直言，以文章報國，為香港繁榮穩定發揮了積極的作用。我一直是《鏡報》的讀者，素來仰慕徐老的大名。後來，在徐老人格的感召下我加盟《鏡報》，擔任過兩年鏡報董事長，現在仍是名譽董事長。在具體主持《鏡報》工作的期間，徐老孜孜不倦、親力親為、執着追求的精神使我深感敬佩。退休後，89 歲高齡的徐老依然親自為《鏡報》撰

寫署名評論，並在香港其他報刊上筆耕不輟。直至今年五月三日，他還接受《文匯報》記者採訪，回眸香港回歸十周年。

諍言鐵骨為中華的偉大復興

徐老曾這樣訴說自己的愛國情懷：「一個人愛自己的國家，是自覺自願的，不應期望要什麼回報；愛國也不能講優先，先到者先得。誰愛國誰不愛國，不用自己說，要看表現，要經得起歷史的考驗！」徐老自己身體力行，也是這樣提點後輩的，他就是經得起歷史考驗的愛國典範者。雖然，他所走過的愛國愛港之路並非平坦，碰到了不少困難挫折，時常遭到很多不客氣、不公正的抨擊，但他仍堅定執着，無怨無悔。「直言興國」「直言興港」，是徐老對愛國愛港事業的獨特貢獻。徐老時常發表一些具有分析性、十分深刻的文章，在香港特殊的社會政治生態中，徐老的如椽之筆和敢言之口，發揮了辨別是非、澄清謠言、伸張正氣和激濁揚清的積極作用。每當香港發生重大事件時，各大報記者都會不約而同地爭先採訪，要「聽聽徐老的意見」。徐老的敢言，最出名便是在國家改革開放初期在政協會議上抨擊貪污問題，而今反貪倡廉已成為基本國策，不禁令人敬佩徐老的誠實、遠見和對祖國的熱愛。

徐老對反對派的無理言行，不平則鳴，仗義執言。但他對愛國愛港人士尤其是後輩則甚為謙和，像一位慈祥的長者和老師。徐老亦很樂意助人，當有港人在內地因投資或其他事情而找他幫忙時，徐老必全力以赴，提供協助。事後，若當事人送款答謝，反而會被徐老罵一頓，並將款項退回。在徐老的個人畫冊上，刊登着一首由

他親自填詞的歌曲 ——《我是祖國的兒子》。歌詞中寫道：「我永遠寄希望於祖國。所有這一切，是由於我是她的兒子，一個最誠實，可能也是最固執的兒子。」2005 年，北京舉行「抗日戰爭勝利六十周年紀念大會」，中共中央、國務院及中央軍委特意向徐老頒發一枚紀念金章，以表彰他的愛國情懷。現在，徐老雖然仙逝了，但他對國家對香港所創建的歷史功勳，他高尚的愛國愛港情操，將永駐人間。

《文匯報》　2007-09-13

馬力為民建聯發展建樹良多

香港民建聯主席、香港商報副社長馬力先生因患病醫治無效，於 2007 年 8 月 8 日 14 時在廣州逝世。馬力匆匆走了，有如一顆閃亮的「政治明星」，在陽光燦爛的時分，倏然失去了光芒，令人難以接受這一事實。香港社會各界人士咸認為，馬力英年早逝，對民建聯以至愛國愛港事業都是一個重大的損失。

馬力是我的好同事、好兄弟，在香港回歸前後的二十多年裏，我們有機會經常在工作上合作，並一起參加過各種社會活動。往事歷歷在目，一切恍如昨日，不禁悲從中來……回憶當年在共同參與籌組香港特別行政區和選舉第一屆行政長官的工作中，我們有了進一步的密切配合。特別是在提議並共同促成民建聯與原港進聯合併的過程中，我們有更多的交往和了解。馬力不僅身體力行實踐着民建聯提出的「真誠為香港」的口號，而且具有卓越的政治遠見。

身先士卒勇於承擔

馬力早年畢業於香港中文大學中文系，他是有理想、有抱負的香港知識分子典範，富有「報國興邦」的使命感。在香港回歸祖國最為關鍵的歷史轉折時期，馬力迅速成長為新一代愛國愛港力量的代表人物，也是在「港人治港」、高度自治方針下有抱負有承擔的難得的政治人才。

自 1992 年參與創建民建聯並擔任秘書長，到 2003 年獲選民建

聯主席，無論是幕前或幕後，馬力都扮演了重要角色。為全力推動與特區政府建立密切的合作關係，促進民建聯成為「萬人黨」，他做了大量細緻的黨務工作。每當有民建聯會員參與選舉時，馬力總是主動地擔當他們的「軍師」，不僅從精神上予以鼓勵和支持，而且與他們商討答辯對手可能提出的問題，並給予一些「示範答案」。細微之處見真情，有份參選的民建聯會員憶起往事，都十分佩服馬力的遠見卓識，因他所提供的「示範答案」非常中肯和切合實際。

2004 年，正當香港第三屆立法會選舉進入激烈競爭的關鍵時刻，傳來了馬力在廣州檢查出頑疾的消息，我們都感到茫然、悽惶。但是，馬力卻回香港了，他將生死置諸度外，全力以赴地投入了民建聯和原港進聯攜手參與的立法會競選活動。作為民建聯主席，馬力身先士卒，極大地鼓舞了民建聯全體會員。老天有情，馬力終於通過地區直選當上了第三屆立法會議員，民建聯亦奪得了十二個議席，成為當年香港立法會選舉奪得最多議席的政黨。

力主朝跨階層方向發展

我所了解的馬力是一個學識淵博、具有獨到遠見卓識的人，與他談古論今是一種享受。80 年代初，馬力曾擔任福建省政協委員；後又擔任第九屆、第十屆全國人大港區代表，積極地為家鄉建設和國家的發展建言獻策。多年來，他在報章上發表了大量論政議政的文章，其撰寫的專欄受到各方重視。特別是在 80 年代中英談判時，他用「辛維思」的筆名，寫下了許多頗有見地的政論文章。馬力勤於思考，善於創新，提出的一些發展策略，對民建聯的發展壯大起了重大的作用。

民建聯（原全稱為「香港民主建港聯盟」）成立於 1992 年 5 月 19 日，當時主要以爭取勞工階層利益為主。在香港民主政黨政治發展的初級階段，勞工階層在民建聯確實發揮了很大的作用。隨着香港政治生態環境的變化，民建聯成員趨向中產化。這時，馬力及時洞察香港時勢，力主民建聯應朝跨階層的方向發展，以基層利益為主，聯合工商、中產和專業界人士。他找到我及其他原港進聯高層探討和商量，提議和促成了民建聯與港進聯的合併，並正式將全稱改為「香港民主建港協進聯盟」（簡稱不變）。事實證明，兩黨的合併，使民建聯不斷發展壯大，已成為一個「萬人」大黨，擁有立法會五分之一的議席，有十八個支部和一百二十個地區辦事處直接服務市民，為香港繁榮穩定作出了重大的貢獻。

協助港商拓展內地業務

自 2005 年民建聯與港進聯合併後，馬力特別注重與中央政府加強溝通，協助香港工商界。他還積極地和內地有關部門聯繫，爭取相關政策在執行上有適當的緩衝期，以便港資企業可以適應調整，一方面配合內地產業提升的方向，一方面繼續生存發展。

馬力生前極力主張加強與內地的經濟融合和產業對接，他曾於 2005 年 11 月在香港《文匯報》發表文章，提出「珠三角以至整個內地，都不可能長期維持低技術、高消耗的生產方式，產業提升是遲早要走的一步。因此，特區政府有必要把握這個趨勢，加強和內地合作，協助港商提升生產技術和產品創新。同時，在內地有重大工商業法規或政策出台前，港府也應盡早和港商進行溝通，讓他們有足夠的緩衝期，可以及時作出應變。」因此，民建聯十分關注在

內地投資的港商企業，一方面協助他們配合內地產業提升的方向，一方面支持繼續生存發展。

胸襟寬廣無私無畏

在馬力出任民建聯主席期間，十分注重培育新一代政治人才。對年輕人非常友善，且很有耐性去傾聽他們的觀點。不論意見相同與否，他都認真地聆聽，並加以考慮，有些意見較膚淺或與民建聯的主張不盡相同，有時甚至是質疑（不論是有理據還是欠缺理據的質疑），他都耐心地向「後輩」朋友解說和指正。不少年輕人說，從馬力的身上，能體會到和學到「三人行必有我師」的道理和重要性。

馬力臨走前的最後一刻，仍掛念着國事港事，希望香港社會和諧，港人共同努力，建設香港和貢獻國家。

《香港商報》　2007-08-23

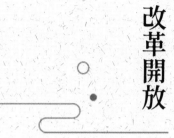

第二章

改革開放　香港角色

導　言

　　改革開放是決定當代中國命運的國策，也是決定實現中華民族偉大復興的關鍵。改革開放是中國人民和中華民族發展史上一次偉大革命，極大改變了中國的面貌。改革開放讓中華民族實現了從「站起來」到「富起來」的偉大飛躍，迎來了從「富起來」到「強起來」的偉大飛躍。改革開放不僅改變了中國，也深刻影響了世界。中國在對外開放中展現大國擔當，從引進來到走出去，從加入世界貿易組織到共建「一帶一路」，為應對國際金融危機作出重大貢獻，連續多年對世界經濟增長貢獻率超過 30%，成為世界經濟增長的主要穩定器和動力源，促進了人類和平與發展的崇高事業。

　　助推改革開放，實現中華民族偉大復興，香港角色重要。國家改革開放以來，香港從來不曾缺席，並且擔任了極其重要的角色。國家改革開放初期，大批港商率先到內地投資設廠，把資金、技術和經驗引進內地；到中期，香港進一步協助海外企業進入內地龐大市場，把外資「引進來」；至後期，香港成為海外拓展業務重要平台，協助內地企業「走出去」連接世界市場。改革開放過程中，香港既是一個「貢獻者」和「促進者」，亦是一個「受惠者」。隨着國家對世界影響力的日漸增加，香港的角色和地位不僅沒有淡化，反顯得更加重要。

探討香港在「十三五」中的定位

　　據報道，國家「十三五規劃」的編制工作已經展開，再次將港澳納入規劃並單獨成篇，一方面是中央支持港澳發展之舉，另一方面將港澳納入中國對內對外全盤戰略佈局，亦是國際新形勢的應對之策。2015 年的國家政府工作報告中首次強調，「繼續發揮香港澳門在改革開放和現代化建設中的特殊作用」，香港社會各界開始探討香港在國家未來發展中的角色定位。

　　從過去的經驗來看，國家對香港的支持主要包括以下六方面：推動大型基礎設施合作，加強兩地互聯互通；編制落實有關地區規劃協定，深化粵港區域合作；推動內地與香港雙向投資，鞏固香港國際金融中心地位；保障港澳重要物資供應，維護香港民生；加強合作，共同應對氣候變化問題；推動 CEPA 相關工作，支持對香港進一步開放。

促進兩地經濟結構轉型升級

　　國家「十三五」將實現以服務業大國為重點的經濟結構大國的轉型與改革，即由工業大國走向服務業大國，才能適應和引領經濟新常態。首先，由「中國製造」向「中國創造」的升級，關鍵是發展生產性服務業。未來幾年，如果不加快推動以研發為重點的生產性服務業的發展，就難以實現工業的轉型升級。就是說，工業的轉型升級對生產性服務業的依賴程度明顯提高。其次，消費結構的轉

型升級也很重要。當前,內地社會消費需求結構升級的大趨勢已經形成,從生存型消費向發展型消費升級;從物質消費向服務消費升級;從傳統消費向新型消費升級。

近年來,內地與香港「更緊密經貿關係安排」的簽訂與實施,既是經濟全球化和區域經濟一體化發展潮流的推動,也是拓展及提升兩地經貿合作領域和層次,促進兩地經濟發展的必然要求。內地與香港由於經濟發展水平及經濟結構的差異,使兩地形成了相互依存、互惠互利的經濟關係。經濟優勢的互補性使兩地在以往的經貿合作中已取得了較大的收益。

全面實現服務貿易自由化

我國將繼續轉向消費主導型的經濟體系,所以保險及消費、互聯網及服務等行業仍有投資機遇,而與核能相關企業亦值得關注。受惠於相關政策,醫療保健、環境保護及清潔能源相關行業亦被看好。經李克強總理簽批,國務院日前印發《關於在廣東省對香港、澳門服務提供者暫時調整有關行政審批和准入特別管理措施的決定》(以下簡稱《決定》),並從公佈之日起施行。這為內地首份「准入前國民待遇 + 負面清單」方式簽署的自貿協定掃除了最後的法規障礙。該協議是內地首份參照國際標準,以「准入前國民待遇 + 負面清單」方式簽署的自貿協定,開放的深度和廣度都超出以往的 CEPA 措施。

《決定》提出,改革香港、澳門服務提供者在廣東省投資服務貿易領域的管理模式。《決定》明確,擴大服務業開放,需在廣東省對香港、澳門服務提供者暫時調整實施的有關行政法規、國務院文

件和經國務院批准的部門規章的相關規定的具體範圍。《決定》還要求，國務院有關部門、廣東省人民政府要根據上述調整，及時對本部門、本省制訂的規章和規範性文件作相應調整，建立與《協議》要求相適應的管理制度。促進互聯互通基礎建設合作和現代服務業發展，全面實現服務貿易自由化。值得一提的是，香港和內地是一個主權國家內部的兩個單獨關稅區，雖然 CEPA 的名稱不同一般的優惠貿易安排，內容也比一般的優惠貿易安排更深遠，但其在實質上還是要實現貿易、投資自由化以及實現貿易合作，所以 CEPA 是多邊貿易體制下區域經濟整合的一種，香港從中受益匪淺。

建設創新驅動的新經濟社會

香港擁有相對的優勢，那就是對國際社會的了解和認識，包括對國際規則的適應。隨着知識經濟、資訊經濟時代的到來，高新技術及高科技產業已成為世界經濟發展的主流。香港可以利用其自身的區位優勢和技術、人才及研發優勢，吸引內地人才，在香港或珠江三角洲地區共同建立高新技術研發中心。同時，也可為吸引外資到香港建立研發中心，為發展高增值產業創造有利的條件，以推動兩地高增值產業的發展。

香港可發揮橋樑作用，協助內地企業走出去，同時吸引外國企業利用香港作為進軍內地龐大市場的平台。應該看到，香港擁有高等教育、市場及法律制度方面的優勢，可以在創新及科技產業化方面發揮巨大潛力，配合經濟轉型、產業升級的國家戰略，與內地互利共進。

　　注：《中華人民共和國國民經濟和社會發展第十三個五年規劃綱要》（「十三五」規劃）於 2016 年 3 月在第十二屆全國人民代表大會第四次會議中通過。「十三五」規劃勾畫了國家未來五年（2016 年至 2020 年）經濟和社會發展的藍圖，並定下相應的具體目標和主要任務，而涉及港澳的部分亦再次單獨成章（《港澳專章》），內容確立了香港在國家整體發展中的重要功能定位，以及在多個重要範疇的發展空間和機遇。本文寫於「十三五」規劃發表約一年前，文中觀點有前瞻性和預見性。

《文匯報》 2015-03-24

對祖國一份愛　祖國給我一個舞台

　　香港人在回歸前的一個半世紀殖民統治下，常常為自己的身份問題苦惱，甚至因愛國愛港而獲罪。如今，這些都已成為一去不復返的歷史。現在若要問「祖國意味着什麼？」許多香港人會驕傲地告訴你：祖國意味着靠山，意味着後盾，意味着信心！

歷經苦難走上現代化

　　回眸歷史，從張騫出使西域、玄奘西行取經、鑒真東渡傳教，直至鄭和七下西洋，我們的祖先曾讓中國走向世界，讓世界認識中國，四大發明曾一度是中華民族的自豪。但是到了近代，中國的封建統治者妄自尊大、閉關鎖國和思想僵化。中國脫離了世界，世界甩落了中國。於是，先後爆發了鴉片戰爭、中法戰爭和中日戰爭，簽訂了《南京條約》《北京條約》《馬關條約》，從此給中國人帶來了太多太多的苦難……

　　這一時期，許多仁人志士為追求人民的幸福進步和祖國的領土完整，英勇獻身、前仆後繼。特別是在中國共產黨領導下，中國人民從此站起來了，屈辱的歷史一去不復返，迎來 1949 年 10 月 1 日新中國的成立，國家建設終於拉開了序幕。60 年歲月彈指一揮間，中華人民共和國取得了世人矚目的巨大成就。雖然在建設的道路上，中國內地也走過彎路，特別是「文化大革命」造成了嚴重倒退。但在 1978 年，鄧小平作出歷史性的決定，帶領中國進行改革開放，

揭開了社會經濟發展的新篇章。鄧小平的這個決定充滿了智慧與勇氣，它不可逆轉地改變了中國的歷史，使中國走上了現代化之路。這一切無不在昭示：中國已像東方的巨龍般飛速發展和不斷強大。

港人伴祖國渡時艱

近代以來，香港的命運就與國家緊密相連。舊中國積貧積弱，被列強肆意瓜分，香港也被強權霸佔。只有國家崛起，民族復興，才能雪恥。許多歷史資料和出土文物也都記載了香港這塊只有1092平方公里的土地，與華夏大地共度了漫長而艱苦的歲月。1911年辛亥革命首義成功，港人在大街上集會歡呼，並捐助百萬港元表示支持。「五四」運動期間，港九學生為回應和支持，公開在課堂上發出正義之聲。「五卅」風暴之省港大罷工，令當局震驚。特別是八年抗日期間，港人同仇敵愾，與日寇作出各種頑強鬥爭，譜寫了大量可歌可泣的英雄篇章。大多數港人正是這樣伴隨着祖國走過坎坷風雨，分享甘苦酸甜。

自1997年7月1日祖國對香港恢復行使主權以來，香港成功地實施「一國兩制」，引起全世界各個國家和人民極大關注。在一個國家實行兩種不同的社會制度，認真貫徹「港人治港，高度自治」的方針，這不僅是一種史無前例的重大歷史創舉，也是在特殊環境下解決各種不同社會矛盾最科學和最先進的處理方法。回顧香港回歸12年來，種種困難、挑戰和考驗接踵而至，但在香港遇到困難和徬徨之際，中央政府都全力支持香港克服困難，發展經濟。港人深深體會到，祖國永遠是香港的堅強後盾。同時，香港對實現國家現代化也作出了貢獻。在隆重紀念中國改革開放30周年的歷史時刻，胡

錦濤主席指出：「在我國改革開放的歷史進程中，廣大香港同胞、澳門同胞發揮了重要作用，作出了突出貢獻。」這既是對香港在國家發展戰略中重要地位的深刻理解，也是對中央高度重視和發揮香港作用的精確詮釋。換言之，回歸後的香港也乘着改革開放之風，重新「獲得了新生」。

投資北京源自愛國情結

　　本人在香港創建香江國際集團幾十年來，深切地認同：「我給祖國的僅僅是一份愛，祖國卻給我一個舞台。」1979 年，內地進入改革開放的新時代。那時，我常常思考：「我能做什麼，我該做什麼，我想做什麼，我要做什麼，我將走向哪裏⋯⋯」最後，我把目光投向了首都北京，作出集團投資北京的重大決策。有些人對我投巨資在北京發展不甚理解，因為我和太太都是福建人，整個家族的人也基本上都是在福建土生土長的，似乎與遙遠的北方京城沒有太多的聯繫。事實上，作出投資北京的重大決策主要源自於我從小的愛國情結。我的父親早年旅居菲律賓，他不僅是位成功的商人，還是擁有政治抱負的愛國者，他總是認真地向我們分析研究戰爭的態勢，以及國家的前途和命運。我從父親那裏懂得了只有國家強大了，才會受到尊重，才能不受欺負；了解到中國共產黨領導的軍隊在抗日戰爭中英勇作戰，挽救了國家。在我上小學四年級時，福建家鄉迎來了中國人民解放軍。因為我會講普通話，於是便成了人民解放軍的「小翻譯」。從村東走到村西，從白天忙到夜晚，幫助解放軍與鄉親們溝通和開展工作。這使我親身感受到，解放軍都是好樣的，是真正的仁義之師。從那時起，我心中就對中國人民解放軍充滿了

敬意。

　　猶記得在我 12 歲時，隨家人從家鄉福建石獅市移居到香港，很快轉入著名的愛國學校香島中學。此時正是新中國建立之初，香島中學推行的愛國主義教育，不斷激發我和同學們的愛國情感和民族尊嚴。我們常常為祖國所取得的成就感到自豪，對新中國的領袖充滿崇敬，都十分嚮往首都北京。在改革開放的今天，作出投資北京的決策，也算是圓了我的少年夢。就這樣，我們集團從建造北京「國際友誼花園」到北京「數碼大廈」，再到「財富中心」，在祖國首都不斷地開創着新事業，並繼續向全國各地發展。至今，我們集團已經在廣東、福建、上海、重慶、北京、江蘇、浙江、山東和江西等省市建立了經營各種業務的公司，創造了數以萬計的就業職位。

《香港商報》 2009-08-17

港商伴隨改革開放 40 年

2018 年是改革開放 40 周年。40 年前，中國內地改革開放之初，大批港商跨越羅湖橋，奔赴內地，興業投資，興教助學，形成一道獨特的風景。從此「港商」成為一個伴隨中國改革開放的名稱，本人有幸成為其中的一員。

自 1985 年起，內地一直是香港最大的貿易夥伴，先後推出諸多對港商、外商的優惠政策。投資方面，截至 2017 年 3 月底，港資佔內地累計吸收境外投資總額的 52.1%。40 年來，港商充分把握內地各種機會，擴大發展規模，獲得很大紅利，亦帶動了以珠三角為主的地區迅速發展，創造了獅子山下的香港經濟奇跡！

與內地合作共築中國夢

從 1951 年 12 歲到港至今，本人已在香港 60 多年。作為早期從福建到香港的老鄉，在香港製衣廠工作 8 年後，於 1969 年 4 月自立門戶，在觀塘建立香港國際針織製衣廠。自創企業改變了過去單一編織毛衫的生產格局，新產品推出後，受到海內外客商極大歡迎。最後，擁有十餘家企業的香江國際集團誕生了，成為香港製衣業發展最快的企業集團之一。

1980 年，香江國際集團在廣州荔灣區合辦了首家來料加工廠，產品的數量、質量均達出口標準。成功地實踐堅定了本人在內地投資的信心，集團大舉在珠江三角洲一帶以及老家福建等地投資辦

廠。內地進一步深化改革，為香江國際集團提供了新機遇，集團開始進入北京房地產市場。經過十幾年建設，集團目前在北京建成科技會展中心、財富中心等房地產開發項目。除在內地投資外，集團還積極向海外拓展，如在澳大利亞先後投資多個房地產項目，建造200幢別墅。在德國，建立了面向歐洲共同體的時裝銷售批發中心。

「一帶一路」新思路

　　經過回歸 21 年的發展，香港的朋友圈擴大了，國家文化加速回歸，中國人的民族自信心進一步增強。香港和內地的貿易版圖，已沿「一帶一路」從內地延至海外。筆者認為，兩地聯繫不單是注入資金，更須「民心相通」。有句名言「民族的就是世界的」！ 民族文化是在人類社會發展進步過程中逐步形成的，中國文化也是我國的優勢，建議將中華文化和歷史的共同記憶「帶出去」，從文化產業層面助力「一帶一路」沿線國家，促進「民心相通」。

　　業界人士認為，香港不乏有海外背景的商人，他們與海外關係緊密，對國家的歸屬感更甚。正如「一帶一路」建設中，香港是連接資金、貿易與民心的「超級聯繫人」。在「一帶一路」建設中，大型基建項目可利用香港的融資平台，香港的離岸人民幣中心也將發展壯大。今年 5 月舉行的「一帶一路」國際合作高峰論壇，在深化民心相通上推出了諸多新舉措，也為港商未來的投資提供了新思路。

擴大開放帶來新機遇

　　毋庸諱言，改革開放初期，港資是「引進來」「走出去」的先行

者；如今，在「粵港澳大灣區規劃」「一帶一路」倡議下，一項項國家級建設規劃的推出，無疑給港商帶來了新商機。面對這些歷史性機遇，香港要考慮怎樣與內地配合，集合粵港澳優勢；同時借助背靠祖國的優勢，從昔日的「引進來」，轉化為與國家一同「走出去」，爭取更多有利港商投資發展的條件，為兩地日後的人員及經貿交流奠定基礎，為香港青年融入國家發展鋪平道路！

中央領導人多次提出，希望香港找到「國家所需、香港所長」的交集，謀劃好長遠發展，服務國家經濟建設大局。在港商眼中，香港擁有的金融、航運、物流、專業服務等優勢獨一無二，尤其是改革開放早期，香港為內地發展提供了大量資金、市場化管理經驗和對外聯繫網絡。專家表示，改革開放 40 年來香港發揮了非常大的作用。未來香港發達的金融體系、現代服務業、成熟的城市管理經驗等仍將為國家擴大開放作出貢獻。這對未來提升港澳在國家發展中的地位，支持港澳自身發展經濟、改善民生，都具有重要意義。社會各界應更積極主動地參與國家發展大局建設，切勿錯失良機！

《香港商報》　2018-08-03

香港工商界「愛拚才會贏」

2017 年是香港回歸祖國 20 周年。回歸之後，香港與內地經濟合作更加緊密，特區政府和工商各界努力融入國家發展大局，為香港發展爭取更廣空間和更多機會。特別是國家領導人對工商界人士的關注和愛護，使工商界人士深受鼓舞！

國家主席習近平曾任福建省省長，他當時就特別指出「閩港合作　大有可為」。福建與香港地緣相近、人緣相親。香港居民中，有福建籍鄉親 120 萬人，佔香港總人口的六分之一；在香港有 100 多個閩籍社團。改革開放以來，福建累計實際利用港資近千億美元，約佔福建實際利用外資的三分之二，香港是福建最大的外資來源地，福建主要的外貿夥伴之一，亦是福建企業對外投資的主要目的地和福建企業境外上市融資的最主要管道。2014 年 7 月 8 日，習近平給福建 30 位企業家回信，希望廣大企業家繼續發揚「敢為天下先、愛拚才會贏」的闖勁，體現了國家對工商界人士的重視和愛護！

事實上，香港早已成為閩港經貿往來的重要橋樑和通道。作為工商界代表，本人有幸於 2004 年在杭州、2014 年在北京兩次受到習近平主席接見，親身體會到習主席關注和愛護工商界人士的作風。

保持香港良好的投資環境

第一次是 12 年前的金秋時節，即 2004 年 10 月 24 日，在杭州西子湖畔，本人以全國政協常委、香港中華廠商聯合會會長的身

份，率領香港中華廠商聯合會代表團一行，受到時任浙江省委書記、省人大常委會主任的習近平接見。習近平說，浙江目前經濟發展形勢很好，你們有意向到杭州來發展，確實是看到了浙江和杭州的發展前景，希望你們在促進浙江和香港兩地經貿往來方面作出更多的貢獻。本人同每一位與會的成員一樣，對於國家改革開放 30 多年來取得的成就感到無比自豪，讚賞新一屆中央領導集體開創的新氣象。

第二次是 2014 年 9 月 22 日，國家主席習近平會見香港工商專業界訪京團時指出，香港作為國際金融貿易中心，是通往中國內地的「跳板」，保持香港良好的投資環境，與國際投資者的利益息息相關。習主席的講話不僅指明了香港實行「一國兩制」、保持繁榮穩定是大家的共同利益之所在，而且表達了我國政府希望國際社會在這方面多做有益的事情。習近平主席高度評價香港與祖國 65 年風雨同舟、命運相依，發揮了獨特的重要作用，表達了國家領導人時刻都記掛着香港市民。

創新就是商機須企業參與

2016 年 9 月，習近平主席在 G20 杭州峰會上，發表了題為《中國發展新起點　全球增長新藍圖》的主旨演講，提出了四條具體措施，即「建設創新型世界經濟，開闢增長源泉；建設開放型世界經濟，拓展發展空間；建設聯動型世界經濟，凝聚互動合力；建設包容型世界經濟，夯實共贏基礎」，體現了我國「十三五」規劃的核心發展理念。對於全球工商界代表來說，這些都是他們非常歡迎的舉措，因為創新就是商機，需要企業的參與；開放則意味着貿易保護

的減少、關稅壁壘的降低等利好，自然會增加他們的財富；而聯動、包容也對企業的發展起着非常重要的推動作用。

在美國、歐洲趨向保護主義的同時，「中國主張」日益受到國際社會重視。去年正式向 G20 杭州峰會遞交的《B20 政策建議報告》中，圍繞 2016 年 G20 杭州峰會重點議題，從「創新增長方式」「更高效的全球經濟金融治理」「強勁的國際貿易和投資」「推動包容聯動式發展」等四個方面，共提出了 20 項政策建議。這是一份凝聚全球工商界智慧的政策建議報告，許多「中國主張」得到國際工商界的廣泛支持。

取之於社會回饋國家民眾

回歸 20 年來，香港工商界人士致力服務國家、奉獻社會，尤其慷慨囊助，全情投入各類社區活動，扶助弱勢社群，同時亦致力於高等教育，致力於推廣優質學術課程及培育學生全面發展，在維持香港整體繁榮穩定、社會和諧方面，盡心盡力，貢獻良多。本人認為，這也是習主席和國家對香港工商界人士的期望，工商界人士取之於社會，理應回饋社會，須緊記國家和民眾的期盼，以國家的關注和愛護為動力，不負眾望，繼續為香港的繁榮穩定貢獻綿力！

《香港文匯報》 2017-01-20

港商參與國家建設獲得大發展

　　偉人鄧小平在上世紀 80 年代提出「一國兩制」「港人治港、高度自治」的構想，在回歸後的香港得到切實貫徹執行，取得了令世人矚目的巨大成就。回歸祖國後，中央政府全方位、不遺餘力地「挺港」，先後推出一系列的惠港政策，如更緊密經貿關係（CEPA）及各項補充協議、珠三角改革發展規劃綱要等。這不僅消除了港商的各種疑慮，而且提供了廣闊的內地市場，有力地促進香港經濟的可持續發展。

　　回歸以來，活躍於內地與香港之間的港商是「一國兩制」的堅定支持者。因為內地有龐大的商機，有 13 億人口的廣闊市場。那時港商在內地的投資，代表的不只是資本向利益的湧動，也代表了對中央政府敞開胸懷、對外開放態度的信任。作為首批赴祖國內地投資的港商，筆者感同身受。

採納建議惠港舉措不斷

　　回歸後，香港工商界人士一直受到關注和愛護。1993 年 3 月，筆者先後獲推薦成為第八屆、第九屆全國政協委員，以及第十、第十一屆全國政協常委。那時不少香港老一輩愛國愛港人士尚健在，他們以極大的熱忱，關注和掌握國情、國家命運及香港未來，提出許多真知灼見，受到中央政府高度重視並予以採納。2014 年 9 月 22 日下午，習近平主席在北京會見了香港工商專業界訪京團，並發表

講話，提出三個「堅定不移」，再次作出莊嚴承諾。

回歸以來，中央不斷推出挺港、惠港舉措，直接促進了香港經濟的發展與民生的改善，並消除了區域經濟合作中的一些基礎設施瓶頸和體制性障礙。從 49 個內地城市開通香港個人遊，到確保對香港基本生活物資的安全穩定供應；從簽署《內地與香港關於建立更緊密經貿關係的安排》，到全方位提升香港的國際競爭力 ...... 不僅考慮短期發展，而且兼顧長期利益，體現中央政府貫徹執行「一國兩制」方針政策的堅定決心。

投資內地成功實現共贏

猶記得，筆者有份創辦的香江國際集團，經多方考察，於 1980 年在廣州荔灣區合辦了首家來料加工廠，專做手工鈎織時裝的加工，產品的數量、質量均達到出口標準。成功的實踐堅定了本集團在內地投資的信心，集團大舉在珠江三角洲一帶以及老家福建等地投資辦廠。後來，又根據市場變化，陸續在浙江、江蘇、上海、山東、江西等省市開辦了合資企業，生產不同的名牌系列服裝。國際集團日漸發展，旗下擁有數十家企業，成衣年外銷額達上億美元，在全世界聘用有上萬名員工。

1996 年祖國內地進一步深化改革，為香江國際集團提供了新的機遇，集團開始進入北京房地產市場，還聘請了世界一流建築師來到北京。經過十幾年建設，香江國際集團在北京開發的房地產等項目，總建築面積超過 170 萬平方米。回歸後的 2003 年，集團又在北京東部 CBD 核心區，興建了建築面積達 72 萬平方米的「北京財富中心」。筆者認為，我們這一代人憑藉香港的優勢，受惠於國家的發

展，所以應時刻不忘以己之力回饋國家和社會。今後應繼續努力服務香港，為市民多做些事，令香港成為一個更加和諧的社會。

國家戰略發展有新商機

改革開放以來，祖國內地發生了翻天覆地變化，成為世界第二大經濟體，在國際舞台扮演着舉足輕重的角色。習近平主席倡導的「一帶一路」連接 60 多個國家和地區，覆蓋 40 餘億人口，蘊含重大機遇。香港位於「一帶一路」的重要節點，實施「一國兩制」，擁有金融、航運、物流、專業服務等優勢。因此港商參與「一帶一路」建設大有可為，既可以分享國家發展和區域融合的紅利，也可實現自身轉型升級。

「粵港澳大灣區」建設給港商帶來龐大的新商機。相關部門可考量利用「粵港澳大灣區」建設為契機，打造「大香港」，將香港發展成為現代產業、國際品牌、物流業中心等。可以相信，港商若能把握國家發展大勢，注重提高企業的競爭力，有望更好地拓展自身事業發展空間！

《文匯報》　2017-06-22

國家機構改革彰顯擴大開放

2018 年 3 月 5 日，十三屆全國人民代表大會第一次會議在北京開幕，會議聽取了《國務院機構改革方案》的說明。《方案》旨在提高政府運作效率的方案，改變了以往「多頭管理」的現象，這對香港工商界無疑是重大利好。

值得關注的是，中銀監和中保監將整合為「中國銀行保險監督管理委員會」，並把部分業務合併到人民銀行，中證監則維持原狀。這意味國家金融監管將告別「一行三會」架構，變成「一行兩會」。銀保會的主要職責包括：依法監督管理銀行業和保險業，維護銀行和保險業合法、穩健進行，防範和化解金融風險，以及保護金融消費者合法權益，維護金融穩定。此輪國家機構改革涉及範圍之廣、調整程度之深，堪稱改革開放 40 年來之最，旨在加強和完善政府經濟調節、市場監管、社會管理、公共服務、生態環境保護職能。

2018 年的《政府工作報告》提出，加強與國際通行經貿規則對接，建設國際一流營商環境。全面實行「准入前國民待遇＋負面清單」管理制度，大幅放寬市場准入，擴大服務業對外開放，優化區域開放佈局。經濟學家分析，提高股權融資比重及鼓勵企業上市融資，不僅能夠鼓勵風投基金的發展，對於基金後期的退出也十分有利。

未來 20 年，隨着「一帶一路」建設的持續發展，將出現大量相關的商事和工程合同，當中可能發生不少合同爭議，這類爭議勢將涉及外國法律和各種專業知識，需要專家證人參與。香港的工程、

法律等專業服務水準舉世公認，又與外國接軌，認受性較高，專業
人才儲備豐富，而且是國際仲裁服務的重鎮。香港在國家的支持
下，可設立「一帶一路」國際仲裁中心。

2018 年《政府工作報告》中指出，加快金融體制改革，改革完
善金融服務體系，支援金融機構擴展普惠金融業務，規範發展地方
性中小金融機構，着力解決小微企業融資難、融資貴問題。此外還
提到，深化多層次資本市場改革，推動債券、期貨市場發展。拓展
保險市場的風險保障功能。深化利率匯率市場化改革，保持人民幣
匯率在合理均衡水準上的基本穩定。

這表明推動資本市場多層次發展是核心，如人工智慧、國產晶
片、醫療、新能源汽車、新材料、航空航太等，這些領域都有得到
政策的支持。將有序開放銀行卡清算等市場，放開外資保險經紀公
司經營範圍限制，放寬或取消銀行、證券、基金管理、期貨、金融
資產管理公司等外資股比限制，統一中外資銀行市場准入標準，這
向國際上傳遞了中國繼續擴大開放的明確訊號！

《信報》　2018-03-16

中國供給側改革含金量高

2016 年 1 月 26 日，國家主席習近平主持召開中央財經領導小組第十二次會議，強調要着力推進供給側結構性改革，推動經濟持續健康發展。習近平指出，所謂「供給側結構性改革」就是從生產領域出發，減少無效和低端供給，擴大有效和中高端供給。這項改革的根本目的說到底，是提高社會生產力水準。由此可見，「供給側結構性改革」是一項含金量十分高的改革。

中國經濟正從粗放向集約、從簡單分工向複雜分工的高級形態演進，要發揮中國經濟巨大潛能和強大優勢，必須加快轉變經濟發展方式，加快調整經濟結構，加快培育形成新的增長動力。據悉，今年北京「兩會」之前，內地各省提出，要堅決清除無效供給，創造在醫療、教育、金融、交通、通訊等多領域的新供給和新需求，為眾多陷入困境的大中小企業創造了龐大商機。

中央財經領導小組會議和國務院常務會議多次提出，要以消費升級促進產業升級，圍繞供給側結構性改革發力，加快企業技術升級改造，改善供給和擴大需求。專家認為，推進供給側結構性改革，對中國經濟未來發展，具有深遠的意義。供給側結構性改革的內容即把勞動力和資本投入規模、配置效率、技術水準等，作為供給面的因素。供給側的結構性改革，大體上是能夠促進這些供給面因素增長和改善的措施。

供給側結構性改革涵蓋的內容非常廣泛，最直接、最簡單的是減稅，還包括制度改革、對外開放、鼓勵產業升級、鼓勵創新和創

業等諸多方面。從應對亞洲金融危機和世界金融危機衝擊的實踐來看，中國繼續可用的調控手段和作用空間已明顯受限，需要注重在整個經濟體系的供給側，正確地把握和改善環境、機制。

目前，由於內地企業及商業服務業，為消費者提供的各類產品長期處於陳舊、低端、落伍、過時的狀態，富裕起來的廣大的中等收入群體當然會把錢投向境外，包括香港市場，這為香港品牌帶來千載難逢的發展機會。比如，內地遊客近期在歐洲市場以人均 3 萬歐羅的購買力，「狂掃」高檔化妝品，以及內地遊客在日本狂購座便器、電飯煲等超常購物行為，值得香港業界認真研究考量。

自 2005 年來，全中國乃至亞洲最大型的消費者品牌調研宣傳活動，為公益性及學術性機構提供了有效資料。香港諸多優秀品牌享譽全球，有些著名的香港名牌或公司更是家喻戶曉。可以相信，正在進行的「供給側結構性改革」，將為香港品牌拓展內地市場、發揚光大創造無限的商機！

《信報》　2016-02-11

支持「非公經濟」意義重大

　　國家主席習近平在 2016 年兩會期間看望民建、工商聯的全國政協委員時重申，非公有制經濟三個「沒有變」：非公有制經濟在我國經濟社會發展中的地位和作用沒有變；我們鼓勵、支持、引導非公有制經濟發展的方針政策沒有變；我們致力於為非公有制經濟發展營造良好環境和提供更多機會的方針政策沒有變。這說明，當前國家正在加大力度扶持非公有制經濟，推動民營企業的更好發展。

　　據統計，目前我國非公經濟數量已佔市場主體總數的 90% 以上，並創造了超過 60% 的國內生產總值，超過 80% 的社會就業。習近平關於「支持非公經濟」的講話，向全社會釋放了清晰無誤的政策信號，三個「沒有變」更是一顆「定心丸」。習近平指出，要健全以公平為核心原則的產權保護制度，加強對各種所有制經濟組織和自然人財產權的保護。有外國觀察家指，習近平講話「極為罕見」。

　　根據世界主要經濟體的經驗，政府主要負責基礎研發，大多數商業研發都是由民營企業完成的，因此我國出台針對民營企業放開市場准入，加強產權保護、讓企業家更容易創業等政策措施，有助於增強我國的創新能力。

　　長期以來，我國非公有制經濟快速發展，在穩定增長、促進創新、增加就業、改善民生等方面發揮了重要作用。非公有制經濟是穩定經濟的重要基礎，是國家稅收的重要來源，是技術創新的重要主體，是金融發展的重要依託，是經濟持續健康發展的重要力量。

　　改革開放以來，國家出台了一系列關於非公有制經濟發展的政

策措施；要求準確把握我國經濟發展大勢；非公有制經濟發展面臨前所未有的良好政策環境和社會氛圍。習近平在講話中強調，一方面要完善政策，增強政策含金量和可操作性；另一方面要加大政策落地力度，確保各項政策百分之百落到實處。

要重點為民營企業解決好融資難、市場准入、加快公共服務體系建設、利用產權市場組合民間資本、減負降成本等五個方面的問題。諸如在放開市場准入方面，「凡是法律法規未明確禁入的行業和領域都應該鼓勵民間資本進入，凡是我國政府已向外資開放或承諾開放的領域都應該向國內民間資本開放」，釋放的尺度前所未有。這對在內地發展的港企，無疑也是極大的激勵與鼓舞。

非公有制企業跨越各行各業，結構與資源組織相對公有制企業更為靈活，可以隨市場迅速發展而更快調整策略，並在創建新型商業模式、發展創新技術方面，一直發揮不可忽視的作用。作為國際大都會，香港的本地資本和外來投資均對香港的經濟發展起着決定性作用。因此，香港基本法關於「企業所有權和外來投資均受法律保護」的規定，為本港資本和外來投資提供了法律保障，也是促進香港經濟繁榮與穩定的基礎。

《香港商報》　2016-03-18

香港應與海南自貿區合作

2018 年 4 月 14 日，國務院《關於支持海南全面深化改革開放指導意見》（下稱《意見》）正式落地。海南全島建設自貿試驗區，使得我國自貿區空間面積進一步擴大 3 萬餘平方公里（是過去所有自貿區面積的 2 倍有餘），將遠超 1000 平方公里左右的香港和新加坡，成為全球最大自由貿易港。

值得關注的是，海南島自貿區全島建設等同於香港模式，就是在商品、金融、技術、資訊等領域實施境內關外式的全面開放。香港的應對策略應該是，全方位加強合作而非競爭！

《意見》明確提到，將支持海南開通跨國郵輪旅遊航線，加快三亞向郵輪母港方向發展，有序推進西沙旅遊資源開發。同時提出，支援在海南建設國家體育訓練南方基地和省級體育中心，鼓勵發展沙灘運動、水上運動、賽馬運動等項目，探索發展競猜型體育彩票和大型國際賽事即開彩票。國家移民管理局日前發佈消息，自 2018 年 5 月 1 日起，在海南省實施 59 國人員入境旅遊免簽政策。有關部門將加密海南直達全球主要客源地的國際航線。同時，大力推建海南自貿港發展成業態豐富、品牌集聚、環境舒適、具特色鮮明的國際旅遊消費勝地。實施更加開放便利的離島免稅購物政策。

香港是一個國際化大都市，又是購物與美食、遊樂場與自由港，可與海南自貿港合作，共同打造國際旅遊消費中心。

《意見》31 項提到：新海南建設實行高水準的貿易和投資自由化便利化政策，對外資全面實行准入前國民待遇加負面清單管理制

度，完善國際貿易「單一視窗」等資訊化平台。在現代服務業方面，重點發展旅遊、互聯網、醫療健康、金融、會展等現代服務業。支持海南設立國際能源、航運、大宗商品、產權、股權、碳排放權等交易場所。

香港是亞太區最重要的國際金融、貿易、航運、資訊服務樞紐之一，現代化服務業水平堪稱世界一流。香港亦是跨國公司雲集的地區總部，同時實行國際上的普通法，可支持建立國際經濟貿易仲裁機構，以及國際爭端調解機構等多元糾紛解決機構，助力海南自貿港發展現代服務業，推動服務貿易加快發展，保護外商投資合法權益。

《意見》指出，海南自貿港將設建設投資基金，密切與香港、澳門在海事、海警、漁業、海上搜救等領域的合作。在海洋資源開發上，《意見》要求海南要積極發展外海遠洋漁業、濱海旅遊業、海洋交通運輸業、海洋生物製藥、海洋能源利用等海洋產業。

香港亦是一個面臨大海的國際化都市，有能力在海洋經濟方面，支持海南建設現代化海洋牧場。應首先促成香港與海南自貿港合作建立「中國海洋科學研究中心」，高起點發展海洋經濟，加強深海科學技術研究。

《信報》　2018-04-25

向服務經濟轉型

　　2018 年 5 月 23 日，國務院印發《關於做好自由貿易試驗區第四批改革試點經驗複製推廣工作的通知》（以下簡稱〈通知〉）。包括服務業、投資管理、貿易便利化、事中事後監管等四方面 30 個自貿區改革試點經驗推廣至全國。

　　在全球經濟向服務經濟轉型的背景下，服務貿易成為各國競爭的主要領域之一。對於中國來說，加快發展服務貿易，有利於促進貿易增長方式的轉變，推動從貿易大國向貿易強國轉變。而且，服務貿易特別是生產性服務貿易的發展，有利於促進傳統產業向專業化和產業鏈高端延伸。

　　通知還提出，內地與港澳合夥聯營律師事務所設立範圍，由廣東推廣至全國。對香港律師事務所和律師而言，將有條件進一步在內地拓展業務，擴大合作方位，而內地同業則可以通過在各地設立聯營所，深度參與涉港業務。實踐證明，作為一個國家或地區競爭力的構成要素之一，良好的營商環境不僅是經濟軟實力的重要體現，更是打造開放型經濟、提升對外開放層次與水平的關鍵節點。

　　事實上，不僅是在貨物貿易上減稅，服務貿易開放也進一步加速。從新的合資保險資管公司獲批，到「滬港通」「深港通」交易額度擴大，以及養老、醫療、教育等重點領域市場准入的進一步放寬，一個面向中外企業和各類所有制企業公平競爭的大市場，正得到愈來愈多投資者的認可。

　　服務貿易也是構建現代經濟產業體系的重要內容，具有國際

競爭力的、高端的、現代的服務產業，對於推動經濟高品質發展具有重要意義。近期，中國一系列主動有為的新開放舉措吸引了世界目光。如取消抗癌藥等藥品進口關稅，放寬汽車等行業外資股比限制，允許外資控股合資券商，再加上這次主動降低汽車進口關稅，中國切實兌現擴大開放承諾，秉持開放共贏理念。

　　中國經濟目前已步入高質量發展新階段，須加快構建統一的內外資法律法規、統一的市場准入制度、統一的市場監管，營造與現代化經濟體系相適應、更加開放規範可預期的營商環境。只有堅持開放融通、互利合作，中國對外開放才會邁上新台階，全球經濟才能朝着更加開放、包容、共贏的方向發展。可以預見，未來中國將通過「減稅降負」與「納稅便利」兩手一起抓的方式進一步為納稅人營造公平穩定的稅收營商環境。此外，可對接國際貿易規則、增強政策透明度和加強知識產權保護等舉措以吸引外資。可以預見，中國經濟必將向着現代服務業和創新產業轉型，這些產業的核心都是人力資本，依靠專業知識驅動。所以，保護知識產權對於加快中國產業升級轉型、提高中國經濟競爭力，意義重大！

《信報》　2018-05-30

前海成為香港與內地合作先導區

2013 年初，首批前海合作新區的跨境人民幣貸款項目在深圳舉行簽約儀式，有 15 家香港銀行參與，涉及約 26 個貸款項目，總金額約 20 億元人民幣，將用於前海地區開發建設。

從國家整體戰略出發，發展前海的目的之一就是要保持香港的長期繁榮穩定，為香港更好地融入內地奠定基礎。可以說，國家在前海建立發展現代服務業示範區對香港而言是「寶貴的契機」，主要是增加了香港公司進入內地市場的機會。特別是國家在前海新區明確提出「支持在 CEPA 框架下適當降低香港金融企業在前海設立機構和開展金融業務的准入條件」，對香港經濟發展影響極大。

前海金融市場的發展，將為本港人民幣持有者提供更加多樣化的投資機會，有利於提高人民幣在國際上的影響力和受歡迎程度，有助本港人民幣業務發展。本港確應把握機遇，可重點研究前海合作新區發展的需求，尋找項目，配合人民幣國際化進程，提供更多的金融產品和服務，推動香港金融業更上一層樓。

中央支持前海合作區實行比經濟特區更加特殊的先行先試政策，打造現代服務業體制機制創新區、現代服務業發展集聚區、香港與內地緊密合作的先導區、珠三角地區產業升級的引領區。

前海新區是國家發展戰略的實驗區，採用「特區之特」政策，包括着力解決 CEPA 實施過程中的具體問題，把前海打造成為 CEPA 的先行先試區；堅持「一國兩制」方針，將前海建設成為香港與內地緊密合作的先導區。

　　前海合作新區要吸引投資和大批人才，必須有法律保障。例如人才方面，香港的工程師、律師、醫生等專業人才來前海合作新區工作。

　　2012 年 7 月國務院公佈的前海政策中還涉及「允許已經取得香港執業資格的專業人士直接為前海企業和居民提供專業服務，服務範圍限定在前海內」和「允許香港服務業提供者在前海設立獨資醫院」等醫療方面的優惠政策。前海政策中的上述規定，較之以往的規定更加寬鬆，如果前海商住人口逐漸增加，便利的優惠政策勢必吸引更多港人前往開辦診所、門診部，甚至獨資醫院，也將使深圳市民能夠享受到更多元化的醫療服務和與國際接軌的診療模式。

《文匯報》　2013-02-06

港國際競爭力有上升空間

瑞士洛桑國際管理發展學院發表《2015年世界競爭力年報》，香港在國際競爭力排名榜上由去年的第四位升至第二位，成為亞洲最具競爭力的經濟體。

是次的四項評估因素中，雖然香港在政府效率和商業效率的排名同時上升至全球第一位，而基礎建設的排名攀升六名至第十五位。不過，由於香港為高度外向型經濟，去年全球經濟不穩影響到經濟增長放緩，以致在經濟表現的排名從第七位跌至第九位，說明香港的經濟還要面對很多困難和挑戰，如高地價、高樓價等掣肘，在新世紀對經濟的影響較大。

由於歷史的原因，香港的經濟結構比較單一，經濟主體以服務業為主，因此發展的方向應與內地周邊城市互通，運用自身獨特優勢，特別是世界級的金融服務業，支持「一帶一路」倡議，推動「深港通」的落實。香港企業也可積極進行升級轉型和拓展內銷，大力發展內地市場。

香港競爭力仍有上升空間，應鼓勵產業多元化、加強與內地的經濟合作及開拓新海外市場。特別是香港在建的大型基建工程完工後，將大大提升城市的整體競爭力。例如高鐵可連通香港與內地城市，有效優化珠三角地區的交通網絡，為香港帶來可持續的經濟效益；香港國際機場第三條跑道建成後，更可鞏固香港作為亞洲交通樞紐的領先地位。

香港首先要做的是推動現代化服務業轉型，從傳統的貿易中介

和招商引資的中介，轉型為內地企業走出去服務的一個管理基地和融資中心。香港可以充分利用內地廣闊的經濟腹地和豐富的資源，包括國家快速發展的機遇、國家發展的空間和不懈的發展動力，全面提升香港的競爭力。香港還可以成為內地企業、內地資本走出去的平台，對於不熟悉國際環境、國際規則的內地企業而言，通過香港服務再走出去可以減少學習的成本，降低「走出去」的代價。

香港背靠祖國、面向世界，實施「一國兩制」，具有得天獨厚的優勢。社會各界應把握國家發展機遇，鞏固營商環境，謀求發展。在制訂中長期發展規劃時，互諒互讓、尋求妥協。

應該看到，儘管香港還保留着可持續競爭力的優勢，儘管香港擁有獨特的地位和體制上的優勢，但創新不足乃最大隱憂。因此，香港有必要在科技創新方面奮起直追，並對其他一些因素加以改善及設法提升，藉以保持或提高總體的國際競爭力。

《香港商報》　2015-06-09

藉科研驅動新興產業

　　中國女藥學家屠呦呦與另外兩名科學家一同獲得今年度諾貝爾
生理學或醫學獎，這是對中國生物醫學、中國科學研究和科技事業
的巨大肯定，也是對中國科技研究和創新的極大激勵。

　　據統計，近年中國科研發展迅速，研發投入佔 GDP 比率穩步上
升，研發強度已攀至世界前列，專利申請量亦急速飆升，目前已升
到全球第三，當中逾六成來自企業發明。

　　在人才供應方面，中國研發人員總數高佔全球約四分之一，兼
且續以世界最快的增速繼續增加。香港擁有多間享譽國際的學府，
經濟發展水準高，加上法制健全、資訊能夠自由流動等，為科研發
展提供了良好土壤，可在高科技領域加強與內地合作，促進香港的
經濟轉型。

　　中國將進一步擴大開放外國人才承擔國家科研項目、參與國家
科技獎勵評選、評定專業職稱資格、評選外籍院士等，對中外人才
一視同仁，為各類人才提供自由發展的空間、自主創新的條件和實
現自我價值的環境。同時，實施簡政放權、放管結合，破除阻礙人
才流動發展的體制機制桎梏，提供更多國際化、個性化的服務，在
簽證、居留等方面創造更加寬鬆和便利的環境。

　　實際上，這些舉措同樣適用於實施「一國兩制」的香港。

　　顯而易見，未來經濟實力競爭主要依靠創新科技，誰掌握了
創新科技，誰就贏得經濟發展的主動權。國家不斷改善創新科技體
制，加強科研實力，有望躋身世界創新科技強國。香港應借助國家

實施創新驅動發展戰略的機遇，制定有利人才流動的政策，大力發展新興產業。

　　中國經濟以往靠的是雙輪驅動：一輪靠製造業，號稱「世界工廠」，"Made in China" 行銷全世界；另一輪靠房地產，號稱「世界工地」。這種發展模式，帶來的弊端也是顯而易見。首先，迎來的是製造業的過剩，2008 年世界金融危機，導致全球經濟低迷，中國製造業首當其衝。如今，中國經濟進入「新常態」，開始進行艱難的調整和轉型，實施創新驅動發展戰略。

　　目前，中國處於經濟增速換擋期。由於傳統產業佔經濟比重相對較大，最近幾年，中國正在積極培育新興產業作為新增長點。在投資方面，作為亞洲金融中心，香港的資金很豐富，但大量資金卻找不到好的投資項目，根本還是要靠創新科技才有發展空間。

　　以前中國內地和發達國家技術差距較大時，香港一些傳統產業靠模仿和擴大規模降低成本，獲得市場競爭力。可是由於產能過剩，現在這種發展模式已經不適用了。

　　國家經濟增長速度回升，關鍵還是在於創新驅動。如果香港能及時調整政策，發展新興產業，促進經濟轉型，那麼無論是投資、消費還是出口，都存在龐大的空間。

《信報》　2015-10-10

發展多元經濟

2008 年金融危機，客觀上也為我國加快改革進程，加快產業結構調整和轉變經濟增長方式提供了新的契機和動力。誠然，真正實現經濟發展方式的轉變將是一個長期而又艱苦的過程。筆者認為，現階段可「多管齊下」，大力扶助多元經濟，轉變經濟發展方式，以應對國際金融危機。

自 2008 年 8 月之後，發端於美國的次貸危機終於爆發成一場席捲全球的金融危機。這場危機發展速度之快、影響範圍之廣已出乎了世人的預料。近期，各國政府均採取了一系列大規模的救市行動。我國也及時地提出「保增長、擴內需、調結構」的正確措施。從辯證的角度來看，「危」與「機」是並存的。日前，筆者參加了全國政協第十一屆二次會議，並呈交大會書面發言稿，從五個方面對以上問題談了一些看法，藉此整理如下，以饗讀者。

把握產業重組　優化工業佈局

第一，建議把握產業重組的契機，優化工業佈局。可在振興東北老工業基地的基礎上，科學地發展環渤海灣地區工業，開發海洋經濟，實現工業科學發展。隨着經濟全球化的深入發展，特別是世界金融危機爆發，全球經濟將會加快重組，國際產業也將加快轉移。業界人士認為，國際產業結構調整將會呈現高技術化、服務化和生態化的特徵。顯而易見，現在是優化工業佈局的最佳時機。東

北老工業基地擁有許多大型國有企業，要想進入國際市場，應先走國際化和集團化經營的道路，可考慮以兼併、收購和合資等形式使原來分散的單個企業向社會化大生產集團集結，使分散的對外經營向集團化的外向經營及規模經營轉化。

另據專家預測，21 世紀海洋將成為決定我國經濟實力和政治地位的極其重要的因素之一。渤海是我國的內海，經濟戰略地位十分重要。渤海有優良的港口群；又是一個油氣資源十分豐富的沉積盆地，素有「油地」之稱。目前，渤海沿岸已有三大油田，是我國第一個海上油氣開發區；渤海海域生物資源充足，海洋動植物共 170 種；渤海鹽業亦十分發達，海鹽產量佔全國海鹽總產量的 70% 以上；渤海有極其豐富的海洋能資源，主要是潮汐能。另外，渤海海區有豐富多彩的濱海旅遊資源。綜上所述，科學地發展環渤海灣地區工業，開發海洋經濟勢在必行。專家提出，可以考慮走海陸一體化道路，建立各種臨海經濟技術區。包括工業區、經濟技術區、保稅區和海洋產業服務區等，發展外向型經濟。同時，可培育經濟市場，包括金融、資訊、保險和房地產等市場，以支持海洋開發和海洋經濟發展。

第二，建議以農村為基地，加大銀行信貸力度，鼓勵農民創建中小企業。經濟學家預測，第四次創業浪潮主角將是農民工。改革開放三十年來，我國廣大的農村雖然有了很大的變化，但與城市相比，差距還很大。因此，國家應從政策上大力扶助，全方位拉動農村經濟發展。當然，政府對農村建設的投入要有的放矢，應立足於為農村和農民創造出更長久的價值。例如政府對農村的公路、電力、通訊、醫療保健、教育，以及農業生產資料（即標準雞舍或

豬舍、優質的種子、飼料和有機肥等）方面的投入便能取得這樣的效果。

　　第三，建議大力推動城鄉中小企業資訊化。目前，我國中小企業和非公有制企業的數量已經超過 4200 萬戶，佔全國企業總數的99.8%，吸納了全國大多數勞動人口就業。因此，推動中小企業資訊化，意義十分重大。這對於我國加快經濟結構調整、轉變發展方式，提高中小企業的管理水準、生產能力和市場競爭力，實現又好又快發展具有積極的作用。

　　第四，建議以我國中西部為主，全方位興建現代化城鎮，以及連接全國各地的高速公路與現代化鐵路等基礎設施。中國有 13 億人口，這是不爭的事實，其中包括城鎮人口與農村人口，各有不同的經濟需求。特別是中西部地區，自然條件較差，發展相對滯後。如果按照發達國家的標準，中西部地區還有很大的空間，需要國家的投資，需要增加大量的新專案。在中西部地區建設現代化城鎮，以及連接各地的高速公路與現代化鐵路等基礎設施，具有極為重要的戰略發展意義。

　　第五，建議把握時機，鼓勵資金雄厚的大企業走出國門兼併收購，使大企業迅速走強。顯而易見，美國信貸危機引發的經濟滑坡正席捲全球，歐美地區從銀行大規模融入資金的成本則水漲船高，資金鏈斷裂的風險步步逼近。專家分析，對於一些資金充裕的大企業，華爾街金融危機提供了一個前所未有的併購良機，可使大企業迅速走強。比如中國銀行和保險業已開始注意到海外投資機會。當然，國家有關監管部門要保證收購目標能夠對未來經濟發展戰略有貢獻，能夠培育出真正具有國際競爭力的拳頭產業。

推進海外併購　共同開發河套

　　第六，建議中央統一協調港深邊界河套地區的開發，共同建設高科技產業開發中心。2003 年 12 月，筆者曾在本港報章發表了一篇文章，題目為《河套區宜建高科技產業開發中心》。文中提出：「在此建設高科技產業開發中心，不僅有助於止住兩地經濟下滑的勢頭，更是立足於加速經濟發展之舉，為將來的可持續性發展奠定基礎。」根據香港特別行政區政府公佈的資料顯示，位於港深兩地邊界地區的面積達 2800 公頃。其中，落馬洲河套區佔地約 99 公頃，其最大優勢是鄰近落馬洲管制站、落馬洲鐵路支線及深圳商業中心。

　　由於處於香港與深圳邊界的特殊位置，若在港深邊界河套區建設高科技產業開發中心，可充分發揮「兩制」優勢。在中央的統籌協調之下，讓港人、海外旅客及內地人士在此自由進出，有利於匯聚世界各地與我國內地的高科技開發人才，以及中等技術人才和技術工人。港深邊界河套區所具有的這些獨特優勢，無疑可消除外商的顧慮，有助於吸引大型跨國公司，提高與內地擁有自主知識產權企業合作的成功率，可望成為世界一流高科技產業的開發平台或生產基地。據悉，中央計劃擬投入 6000 億推進 16 個重大專項的科學技術中長期規劃。藉此，希望中央能考慮選擇涉及科技創新的有關專案，在港深河套區落戶，以促成在此建設高科技產業開發中心。

　　注：本文是作者參加全國政協第十一屆二次會議呈交大會的書面發言稿。

《文匯報》　2009-03-16

優化投資結構

　　當前，國際金融危機仍在蔓延深化，為此，我國實施了一系列財政政策和適度寬鬆的貨幣政策，並出台更加強有力的擴大內需措施，尤其是加大了政府投資特別是中央投資力度，從而帶動了社會的投資。筆者認為，在這個經濟大環境下，如果要保持合理的固定資產投資規模，優化投資結構，提高投資效益，就要堅決抑制盲目投資和低水準的擴大投資。誠然，由於投資管理體制改革的艱巨和複雜性，導致了相關體制和機制尚不完善，有關投資結構、投資佈局，以及投資效益等方面尚存在一些問題。藉此，筆者提出以下四點建議，謹供各界人士考量。

　　第一，構建支持農業投資政策體系。

　　不可否認，農業是國民經濟的基礎，農業的健康、穩定和快速發展對於國民經濟其他部門的發展具有重要影響。事實上，世界上絕大多數國家都非常重視農業的發展，尤其是歐、美發達國家對農業的支持和投資力度一直很大。為了促進我國農業現代化和新農村的建設，有必要構建鼓勵和支持農業投資的政策體系。業界人士認為，應從改革農業投資體制，建立農業投資保障機制；加大各方面對農業的投資力度；完善現有農村土地制度，提高農戶農業投資的積極性；加強農村金融體系建設，建立農業保險體系，以及降低農業經營風險等方面給予鼓勵和支持。當然，首先應加大對貧困區的投資力度，扶持少數民族地區的經濟發展。

　　應該看到，儘管改革開放以來我國農業基礎設施建設取得巨大

成就，但受自然條件和發展階段的制約，我國農業基礎設施依然明顯滯後，影響着農業和農村發展，及至農民的生活。據有關統計，全國至今還有 3 億多農村人口飲水未達到安全標準，其中中西部地區佔 80%；有近 100 個鄉鎮、近 4 萬個建制村不通公路，農村公路中沙石路佔 70% 左右，全國還有 2000 萬農村人口用不上電。顯而易見，要改善投資領域存在的問題，投資結構須進一步優化。

第二，以投資促進產業結構優化升級。

專家提議，國家投資的重點，要把提高自主創新能力作為產業結構調整優化的中心環節，不斷提升產業技術水準，廣泛應用高新技術和先進實用技術來提升製造業，特別要加快振興裝備製造業。不可否認，我國裝備製造業經過幾十年的發展，取得了令人矚目的成就。但是，我國裝備製造業還存在自主創新能力弱、對外依存度高，以及產業結構不合理等問題。比如，在大型裝備的關鍵部件製造上，與國際水準比較還有相當大的距離。

從以上事實來看，推進重大技術裝備國產化應加大國家調控和支持力度，要從統籌內地供給與需求的角度有意識地強化對內地市場需求的調控。首先，我國應建立健全完善的自主創新機制，加速裝備製造業技術人才的培養，進一步提高從業人員的整體素質。其二，相關的體制和機制需要進一步完善，尤其是國有企業領導的理念，以及有關體制和機制問題應積極有效地解決。再者，技術開發亦需要政府相關政策的支援。筆者認為，對於國家重點工程項目所需的成套設備，應制定自主製造的目標。凡是需進口重大技術裝備，可由內地製造企業與跨國公司聯合投標，以內地市場換取國外企業的技術轉讓，逐步提高內地企業的製造水準。誠然，裝備製造業從產品開發、技術更新乃至整個產業的開發都需要巨額資本，可

採用政府主導型與市場主導型相結合、而以政府主導型為主的投資模式。

第三，建議創建完善的資訊管道。

不可否認，內地統一的大市場尚未完全形成，這是造成投資低效率和低效益的重要原因。由於市場的分割鼓勵了低水準重複投資，區域保護則使低效率企業可以長存。為此，似乎應採取有力舉措，鼓勵產權流動，特別是跨所有制、跨地區的產權流動，加快國有經濟和內地企業的重組調整步伐。顯而易見，創建完善的資訊管道，使得投資者能夠在相對充分的資訊環境下做出決策，或許是優化投資結構、提高投資效益的有效途徑之一。

第四，兩地攜手開發高技術產業。

大家知道，香港是國際金融和貿易中心，資金雄厚，資訊靈通，而且有着相對健全的將科技成果產業化和商品化的機制和經驗。另一方面，香港又是個高度開放的自由港，其中多所名牌高等院校擁有國際水平的研究人才，與世界各地緊密聯繫，可加強對國際科技前沿態勢的識別與響應能力，成為國家創新科技體中的重要組成部分。本人曾多次建議，應充分發揮「兩制」的優勢，在香港和深圳邊界設立「高科技開發中心」，這將有助於兩地共同攻克高技術產業製造上的難題。同時，可促進兩地的投融資，以及高新技術產業鏈等各方面的合作，提高兩地在全球範圍的競爭力。藉此機會，再次懇望中港兩地有關部門能盡快就此專項進行可行性研究。

注：本文根據作者在十一屆全國政協常委會六次會議的發言整理。

「入籃」有助人民幣匯率穩定

2016 年 10 月 1 日，人民幣加入國際貨幣基金組織（簡稱 IMF）的特別提款權（簡稱 SDR）貨幣籃子決議正式生效，人民幣自此將成為與美元、歐羅、英鎊和日元並列的第 5 種 SDR 籃子貨幣。對於香港而言，人民幣「入籃」後，香港的人民幣交易量將大幅增長，香港銀行業獲得更多業務機會，香港國際金融中心地位將進一步鞏固。

人民幣作為發展中國家貨幣，而且在資本賬目項下還沒有實現完全可自由兌換的情況下能夠成功加入 SDR，這背後顯示出全球金融治理結構與理念發生了改變。專家認為，短期看「入籃」對人民幣匯率影響不大，一是利好消息前期已基本消化釋放；二是近期影響人民幣匯率的主要因素是聯儲局貨幣政策走向。不過，從長期看，人民幣「入籃」則有助於人民幣匯率保持穩定。

人民幣加入 SDR，既是中國影響力上升的直接反映，也是世界經濟新秩序建立的必然結果。權威統計顯示，人民幣的國際使用在過去 5 年增長逾 10 倍，現時中國對外貿易以人民幣結算的比例接近 30%，在全球貿易結算的比例亦達到 3.38%，人民幣已是全球第 5 大支付貨幣。另一方面，由於人民幣長期穩定的表現和未來的樂觀預期，愈來愈多外國投資者對持有人民幣資產表現出信心。在此背景下，人民幣加入 SDR，不僅將大大增強中國的經濟實力，亦對全球貿易的發展和國際金融體系的合理化大有裨益。

在人民幣國際化進程中，香港始終發揮重要角色。眾所周知，

內地金融及貨幣市場長期受到嚴格政策管控，市場化程度有待提高；在政策的透明度、資訊的溝通等方面亦亟須改善。人民幣加入 SDR 後，若想提升人民幣在國際金融體系中的作用，中國就需要進一步深化金融體制改革，建立起更加開放、透明的市場機制，並在改善經濟結構、完善法治、深化資本市場改革等方面加以相應改進，從而提升國際投資者對人民幣的信心。作為國際金融中心的香港，將助力國家進行更深入的改革和發展。

自 2003 年內地推動人民幣境外業務至今，香港已成長為全球最大離岸人民幣貿易結算中心，佔全球離岸人民幣貿易結算總額超過 90%；此外，香港擁有全球最大的離岸人民幣流動資金池和全球最大的人民幣離岸金融中心，顯示出不可或缺的地位和難以取代的優勢。隨着中國已在近年由資本輸入國完成向資本輸出國的轉變，「一帶一路」項目的逐步落地，人民幣國際化趨勢加快。可以預計，香港必將在其中發揮愈發重要的作用，香港的國際金融中心地位亦將得到進一步鞏固。

從長期來看，香港無論是作為全球最大的人民幣離岸業務中心，還是重要的資產管理中心、融資平台、對外貿易結算中心，人民幣業務的增長空間更是極為可觀。

《信報》 2016-10-05

國有民營各自發揮優勢

改革開放創造了中國經濟增長的奇跡，中國要隆重地紀念改革開放 40 周年，最好的紀念方法就是推出新的、力度更大的改革開放舉措，可能有些措施將超出國際社會的預期。

事實上，中國近年來也一直通過「一帶一路」、亞投行等項目的實施來實踐自己的主張。在這樣的理念下謀求發展，開展相互間合作，才能將世界經濟和政治引向良性發展的軌道上。

中國準備在兩個方面擴大開放，一是落實國家主席習近平 2017 年在達沃斯世界經濟論壇講話時做出的承諾，以及回國後做出的對外開放一系列重大決策，將主要集中在金融業、製造業、服務業、保護產權特別是智慧財產權、擴大進口四個方面；二是在紀念中國改革開放 40 周年的時候，推出新的、力度更大的改革開放舉措。將大幅度放寬市場准入，擴大服務業特別是金融業對外開放，創造有吸引力的內地投資環境。

事實證明，國有企業和民營企業良性競爭、相互協作、共同發展，為中國「富起來」構築了堅實支撐。「國有」和「民營」在各自領域充分發揮優勢，協調發展、共領風騷，促進了經濟社會發展，增強了綜合國力，提高了民眾生活水平。

內地持續推進國有企業改革，鼓勵其做強做優做大；分類推進國有企業混合所有制改革，提升企業可持續發展能力和核心競爭力，也給民營企業帶來更多發展機會。與此同時，投資便利化程度明顯提高；進一步放開基礎設施、服務業等行業的市場准入；《關

於完善產權保護制度依法保護產權的意見》等文件的出台，激發了民間投資熱情。中國的經濟體制有助於釋放經濟活力、壯大經濟實力，在國有經濟實力不斷增強並穩固發展的同時，也孕育培養出眾多民營經濟企業家、創業家群體，促進了民營經濟發展。

2018 年是中國改革開放 40 周年，巨大的經濟發展和社會進步有目共睹，說明中國作出了正確選擇，找到了適合自身發展的道路。在開放的過程中要具備長遠發展的眼光，不能只看眼前利益，應與市場實際相結合，做出合理規劃。大型企業「走出去」的同時，也要推動中小企業「走出去」。另外，尤其要注意「走出去」的過程，要讓各國普通民眾受益，獲得當地普遍認同，合作共贏有利於規避風險，實現可持續發展。

作為世界第二大經濟體，中國經濟的些微波動都可能在全球範圍內引起連鎖反應。中國對世界的貢獻首先在於將自身發展好，民眾生活水平提高，消費市場擴大，將有利於提振全球貿易。中國企業實力壯大，「走出去」的愈來愈多，包括參與「一帶一路」建設，將有利增加全球投資。

《信報》　2018-02-12

觀看國慶 60 華誕慶典有感

在偉大祖國 60 華誕之際，我來到北京參加國慶慶典，心情非常激動。我在天安門城樓上觀看大閱兵和群眾遊行國慶盛典，看着由中國人民解放軍現役部隊和預備役部隊、中國人民武裝警察和民兵組成的 14 個徒步方隊、30 個現代化先進武器裝備方隊從眼前走過，12 個空中梯隊飛過天安門廣場上空，那整齊劃一的步伐，雄壯激昂的口號，磅礴雄偉的氣勢，以及全部由中國自主研究、90% 首次亮相的尖端軍事武器，使我由衷地為祖國歡呼，為祖國自豪！當時，面對恢宏璀璨、波瀾壯闊的閱兵場面，一種難以言表的震撼，使我的心裏湧動起一股強烈的奉獻祖國使命感。

在天安門城樓上，我還看到由「艱苦創業」「改革開放」「世紀跨越」「輝煌成就」「科學發展」「錦繡中華」「美好未來」七大主題組成的「我與祖國共奮進」的群眾遊行方陣緩緩走來。這使我情不自禁地鼓掌和歡呼。從大閱兵盛典中，可以感受到現在的中國人民解放軍在陸、海、空三方面都已經擁有自己的強大實力。60 年前毛澤東主席宣告「中國人民從此站起來了！」這句話猶在耳邊回響，中國需要利用軍事力量的震懾力來換取國家和平與發展的空間；強大的軍事力量是祖國崛起、中華民族復興的重要保障。如今，中華民族踏上了偉大的復興之路，我們作為祖國的兒女任重而道遠。

今天的中國和今天的世界已經並且正在發生巨大的變化。中國在國際事務中發揮着日益重要的作用，已成為舉足輕重的國際力量。無論是政治、軍事、經濟和文化，中國的作用和影響力已經不

可取代。六十年來，特別是改革開放三十年來，中國在經濟建設方面取得巨大成就，已成為引領全球經濟發展的主要火車頭之一。

　　國慶 60 華誕慶典啟示我們，我們前面的道路還很長，也不平坦，還會遇到許多可以預見和不可預見的困難。我們務必保持謙虛謹慎、不驕不躁的作風，務必保持艱苦奮鬥的作風，增強憂患意識，居安思危，勵精圖治。國慶慶典的一系列活動，也處處提示着人們，這一天的盛大歡慶是怎樣凝聚起來的。從國慶前夕在人民大會堂看到的音樂舞蹈史詩《復興之路》，大遊行中四代領導人的原聲講話錄音，直至國慶晚會大聯歡中演唱各個時期的歌曲，都不斷把人們的思緒帶回到中國走向復興過程中經歷過的種種艱難和曲折。

《文匯報》 2009-10-07

第三章

「一帶一路」造福人類

導 言

　　「一帶一路」是「絲綢之路經濟帶」和「21世紀海上絲綢之路」的簡稱。「一帶一路」是中國在 21 世紀的大國外交策略，目的是打造歐、亞、非的經濟共同體，達至互惠互利，雙向共贏，發展沿線各國，提升各地民眾的生活質素，是造福全人類的「世紀工程」。從中國與世界關係的演變看，「一帶一路」傳承中華民族數千年的理想情懷並將之發揚光大，讓中國與世界的交往在創新中不斷發展。「一帶一路」倡議主動發展與沿線國家的經濟合作夥伴關係，是各國合作共贏的康莊大道，為世界和平與發展提供了全新的思路、模式和理念。「一帶一路」源自中國，但屬於世界。推進「一帶一路」國際合作，為應對當前世界和平赤字、發展赤字、信任赤字、治理赤字，提出了中國主張和中國方案。「一帶一路」倡議之所以能夠得到世界上許多國家的廣泛回應，一個重要原因在於，中國發展同外部世界的交融性、關聯性、互動性不斷增強，中國正從大國走向強國，對全球治理體系變革的影響力越來越大。

　　香港是「一帶一路」倡議的最佳平台及重要節點，具備「一國兩制」、開放合作先發、服務業專業化和人文等獨特優勢，可發揮「促成者」及「推廣者」的角色，為國家作貢獻的同時成就香港。當國家推動「一帶一路」的時候，香港更能藉本身的優勢，好好配合國家的發展方針，開拓更多的商機。

全球經濟治理的中國方案

　　自 2013 年 9 月習近平主席在中亞首次提出「一帶一路」倡議，到 2015 年 3 月 28 日正式發佈《推動共建絲綢之路經濟帶和 21 世紀海上絲綢之路的願景與行動》，我國邁上國際經濟合作的新台階，它是中國參與全球治理的必然要求。「一帶一路」構想的核心是區域一體化，是沿線國家結成利益和命運共同體。它將與有關國家的經濟發展戰略實現對接，實現相關國家在相關區域的攜手發展。

　　習近平說，現在世界上的事情愈來愈需要各國共同商量着辦，建立國際機制，遵守國際規則，追求國際正義，成為多數國家的共識。在這樣的大背景下，習近平倡導共建「一帶一路」，設立絲路基金，倡議成立亞洲基礎設施投資銀行，維護自由、開放、非歧視的多邊貿易體制，堅持和平共處五項原則，推動不同文明交流對話、和平共處、和諧共生。

香港優勢發揮獨特作用

　　香港位於「一帶一路」的重要節點，實施「一國兩制」，擁有金融、航運、物流、專業服務等獨特優勢。隨着「一帶一路」的實施，中國對外投資將快速增長，走出國門的企業會不斷增加，香港可以成為內地企業走出國門和開展跨國經營的平台。香港的高度開放和比較完善的市場、國際商業網絡、與國際接軌的法律體系、自由和通暢資訊交流，使其能夠在國家「一帶一路」建設中發揮獨特作用。

香港既是國際化大都會，又是國際金融中心，擁有國際熟悉的普通法體系，以及獨立的司法制度，投資者權益受到法治保障。香港還擁有大量的、高水平的金融、會計、法律等專業領域的人才。所以，無論是發債、上市、銀團貸款，以至風險資本，在香港來說都是成本低、效益高的一個主要運作平台。香港還是亞洲首選的資產和財富管理中心，有世界一流的金融基礎設施，以及完善的投資者保障，服務對象遍及世界各地。

五個堅定不移帶來商機

2016 年 9 月 4 日至 5 日，習近平在 G20 杭州峰會的演講中，提出了中國的「五個堅定不移」，對於全球工商界來說，也是非常重大的喜訊。特別是對於有意參與中國經濟建設的各國企業家來說，中國堅定不移地全面深化改革，使政策穩定；堅定不移地實施創新驅動發展戰略，將使他們獲得重大的商機。

全球經濟治理的「中國方案」如何落到實處，也是世界各地工商界朋友關心的話題。對此，國家主席習近平向 G20 成員經濟體提出三點倡議，即 20 國集團成員應該同國際社會一道堅定信念、立即行動：第一，共同維護和平穩定的國際環境；第二，共同構建合作共贏的全球夥伴關係；第三，共同完善全球經濟治理。顯而易見，作為「一國兩制」下獨立關稅區，香港可與內地企業，以聯合投資、聯合投標、聯合承攬專案等多種方式，共同開拓「一帶一路」市場。

香港參與「一帶一路」國際合作

　　香港的獨特優勢，應與國家發展大戰略有效對接，香港應積極參與「一帶一路」國際合作發展規劃，以及其他旨在擴大經濟貿易金融發展的策略安排，進一步提高競爭力。

　　香港作為中西經濟文化交流之地，擁有國際性成熟的市場規管制度、優越的基礎建設、便利的營商環境以及大量富有國際經驗的專業人才。尤其在法治建設、市場監管等方面經驗豐富，完善的法律和監管制度、公平的競爭環境，是香港金融和貨幣體系得以維持強大競爭力的重要因素。香港應在國家發展戰略中找到更多對接點，推進商事立法科學化，助力完善法治化營商環境，還可擔當「一帶一路」投融資服務平台項目的糾紛解決中心，發揮更為重要的作用。

　　香港實行自由貿易政策。作為世界上最自由的貿易港口之一，香港設有自由開放的投資制度，對外來投資一視同仁。港元自 1983 年與美元掛鈎後，幣值保持穩定。因為香港沒有外匯管制，任何數目的金額都可匯往世界各地，政府不會橫加干涉。香港金融市場的特色是資金流動性高。同時，香港外匯市場發展完善，買賣活躍，可全日 24 小時與世界各地進行外匯買賣。香港提倡並奉行自由貿易、資金自由流動。

　　在投資領域，香港還是中國內地和世界其他地區主要貿易和融資的橋樑，1997 年香港回歸後所實施的新舉措，使其得以較其他增長市場脫穎而出，扮演中國的離岸全球金融中心角色。香港不設任

何貿易壁壘，資金、資訊都是自由流通的，規章條文透明度高，法律體制健全，稅率低而明確，也給香港轉口貿易的發展提供相當寬鬆的環境，使其擁有自主開放的投資制度。

近年來，香港轉口貿易商品的產業和技術結構發生了很大變化，低技術產品份額快速下降，高技術產品份額快速上升，轉口商品的產業集中度不斷上升，從側面反映出我國出口商品產業和技術結構的變化。自上世紀九十年代以來，香港的轉口貿易不斷發展，極大地促進了香港經濟的發展，在很大程度上促進了香港的物流、金融、諮詢、展覽等相關產業的發展。

事實上，香港轉口貿易不僅促進了香港製造業的發展，也帶動了港口、運輸、銀行、保險和郵電業的相應發展，為香港的國際貿易中心和國際金融中心地位的奠定打下了堅實的基礎。同時，香港的服務配套設施齊全，可為需求轉口貿易服務的出口企業提供三重安全保障：1、貨物安全；2、收款安全；3、客戶安全；因而可協助各國中小企業在亞洲建立業務聯繫，獲得利好發展。

《文匯報》 2017-02-27

香港主動尋「一帶一路」商機

2017 年 1 月 17 日，國家主席習近平在達沃斯出席世界經濟論壇 2017 年年會開幕式時宣佈，5 月中國將在北京主辦「一帶一路」國際合作高峰論壇，共商合作大計，共建合作平台，共用合作成果，為解決當前世界和區域經濟面臨的問題尋找方案，為實現聯動式發展注入新能量，讓「一帶一路」建設更好造福各國人民。應該看到，香港作為國際商貿及金融中心，在「一帶一路」國家倡議中，可以發揮的空間很大。應關注「一帶一路」國際合作高峰論壇，主動尋找商機。

「深港通」的開通和「滬港通」一樣，有助內地市場進一步對外開放，鞏固香港作為國際金融中心的地位。

「一帶一路」貫穿歐亞經濟體，潛藏商機無限，香港應組團前往中亞地區，針對新絲路沿線各國之重點產業，結合「中亞區域經濟合作」（CAREC）等自貿區和經濟走廊，尋找中亞市場潛在商機。

2017 年 1 月 16，第 10 屆亞洲金融論壇（AFF）在港舉辦了兩場關於基礎設施投融資的活動，分享當地的投資環境，闡述未來的基礎設施項目及投融資機會。據報道，香港已經和 40 個「一帶一路」沿線國家簽訂了民航運輸協定或國際民航過境協定，今後通過加強碼頭、機場和高鐵等基礎設施的建設和配套，香港完全可以成為「一帶一路」，特別是海上絲綢之路的重要交通樞紐和貿易物流中心。

面對持續複雜艱難的的經濟形勢，香港作為一個高度外向的國際金融、貿易中心，固然難以獨善其身，不論經濟發展抑或資本市

場都或受到拖累，必須提高競爭力，方能達到可持續增長。

　　2016 年 7 月，香港金管局成立了基建融資促進辦公室（IFFO），以促進基建投資及融資。國家開發銀行和進出口銀行均已成為 IFFO 合作夥伴。據悉，IFFO 將於明年 3 月舉辦一場投融資人圓桌會議，重點探討對「一帶一路」沿線基建投融資的風險管理、法律安排和管制安排等議題。

　　亞投行投資的都是領先於市場的項目，香港不僅可助該行獲得成本效益更高的金融服務，亦可爭取到與「一帶一路」相關的融資、發債、股票上市等業務，進一步強化自身作為國際金融中心的地位。

　　財金界人士預測，為了更好利用香港在融資及各項專業服務等方面的優勢，亞投行可能在香港設立分支機構，有助本港掌握「一帶一路」商機，亦有助穩固本港的國際金融中心地位。香港在金融、貿易和司法等多方面有明顯優勢。特別是香港擁有完善的司法制度、法律體系和投融資管理平台優勢，完全可以擔當起亞投行項目的糾紛解決中心、特別金融顧問角色，發揮更重要作用。

《信報》　2017-02-20

積極參與國家戰略發展

十八大以來，中央領導集體推出了一系列戰略部署，蘊藏着巨大的發展機遇。「背靠內地、面向世界」是香港最大的競爭優勢。香港應積極主動地參與國家發展戰略，繼續促進與內地的經濟融合，協助香港企業拓展內地業務、引領海外資金進入內地市場和支持內地企業「走出去」。

香港作為全球最大的離岸人民幣中心，提供成熟和多元化的人民幣業務，現時國際上七成的離岸人民幣結算都經由香港處理。人民幣已順利「入籃」，肯定會使香港相關業務得益。人民幣將逐步加強兌換能力。香港應着力發揮人民幣離岸市場的功能，研究創建「人民幣回流機制」，為過萬億元的人民幣存款開拓出路；另外可發展「協力廠商使用的離岸人民幣服務平台」，如「一帶一路」沿線國家可在港發行人民幣債券進行融資，以有效推動人民幣國際化。同時，吸納更多海外客戶群通過香港平台進入內地市場；充分利用「一帶一路」機遇，參與推動內地資本市場雙向開放，讓香港發展成國家金融風險管理中心和亞洲重要國際融資平台。

服務業是本港經濟主體，佔經濟總量逾九成。CEPA乃內地對港先行開放的具體政策，內容不斷擴充增多，也是「一國兩制」賦予本港特殊優勢的具體表現。新協議令此優勢進一步增強，本港經營者開拓內地市場將更為方便。

香港是世界第三大金融中心，可以提供最大人民幣流動性的人民幣離岸中心，同時也擁有眾多的金融衍生品。與人民幣有關的

基礎建設融資、投資風險管控、成熟的股權融資市場等，這些都是香港的重要優勢。在香港設有區域總部、辦事處的海外公司有數千家，可以在協助內地融入「一帶一路」沿線國家的經濟開發合作中，擔當重要的中介角色，法律界人士建議，香港一直奉行國際社會熟悉的普通法制度，是中國境內唯一的普通法司法管轄區，可作為一個聯絡平台，舉辦會議展覽，協助各方談判，開拓市場，尋求共識，實現優勢互補，有助於「一帶一路」倡議的實施。

「一帶一路」這條具有全球價值的現代經濟合作走廊，將為香港提供富有潛力、高增值的契機。此外，香港也可利用專業服務優勢，配合國家對外投資「走出去」戰略，強化對外投資戰略平台角色。從「一帶一路」建設來看，有支點、節點，還有港口、園區等，但真正能夠符合「運營中心」條件的地方卻很少，粵港澳融合發展有望承擔起這一特殊功能。

在發展創新尤其科技創新方面，廣東擁有不少領先全國的經驗，但也面臨省內科研水準稍弱、創新人才培育不足、國際市場拓展能力有限這三大短板。港澳地區擁有國際一準的高等院校、科研水準和良好的教育資源，正可彌補廣東科研水準和培育創新人才的不足。

參與亞投行拓展基建投融資

第 10 屆亞洲金融論壇（AFF）在香港舉辦了兩場關於基礎設施投融資的活動，分享當地的投資環境，闡述未來的基礎設施項目及投融資機會。演講者就宏觀經濟發展、行業趨勢、亞洲基礎設施融資的機遇和挑戰交換了意見，並探討香港在其中的關鍵角色。

事實上，香港金融管理局去年底分別與國家開發銀行和中國進出口銀行簽署《諒解備忘錄》。金融管理局總裁陳德霖表示，金管局擬通過與國開行、進出口銀行策略性合作框架，進一步利用香港國際金融中心的重要地位，推動「一帶一路」基礎設施領域的項目。專家指出，「一帶一路」貫穿歐亞經濟體，潛藏商機無限，應組團前往中亞地區，針對新絲路沿線各國重點產業，結合「中亞區域經濟合作」（CAREC）等自貿區和經濟走廊，尋找中亞市場潛在商機。

據報道，香港已經和 40 個「一帶一路」沿線國家簽訂了民航運輸協定或國際民航過境協定，今後通過加強碼頭、機場和高鐵等基礎設施的建設和配套，香港完全可以成為「一帶一路」特別是海上絲綢之路的重要交通樞紐和貿易物流中心。中國內地已陸續開放上海、天津、廣東及福建 4 個自貿區，建議港商借力使力，把握中國內地自貿區商機，利用自貿區的優惠政策直接參與「一帶一路」投資建設。

今屆亞洲金融論壇的主題為「亞洲：帶動變革，創新與聯繫」。學者分析，面對持續複雜艱難的的經濟形勢，香港作為一個高度外向的國際金融、貿易中心，固然難以獨善其身，不論經濟發展抑或

資本市場都或受到拖累，必須提高競爭力，方能達到可持續增長。除了要審時度勢，了解市場發展方向，更要敢於創新，加強與不同地區的聯繫。正如金管局總裁陳德霖所指出，特區政府會以「穩中求進」的原則，盡可能減低短期市場波動帶來的衝擊，在中長期能提高外匯基金的回報。

2016 年 7 月，香港金管局成立了基建融資促進辦公室（IFFO），以促進基建投資及融資。國開行和進出口銀行均已成為 IFFO 合作夥伴。金融方面，受惠於國家提供的優惠政策，香港成為全球最大的離岸人民幣中心，「滬港通」「深港通」開通，兩地的基金互認，亦為香港帶來巨大契機。

香港作為國際金融中心，又是中國的特別行政區，在金融、貿易和司法等多方面有着明顯優勢。特別是香港擁有完善的司法制度、法律體系和投融資管理平台優勢，完全可以擔當起亞投行項目的糾紛解決中心、特別金融顧問的角色，發揮更為重要的作用。顯而易見，只要港人把握機遇，積極參與亞投行和「一帶一路」建設，必然大有可為！

《信報》 2017-02-10

「一帶一路」助力沿線國家發展

2017 年 5 月 14 日至 15 日，「一帶一路」國際合作高峰論壇在北京舉行，國家主席習近平在高峰論壇上指出，產業是經濟之本，要深入開展產業合作，推動各國產業發展規劃相互相容、相互促進，抓住新工業革命的發展新機遇，保持經濟增長活力。

「一帶一路」倡議除了為業界開拓市場，增加商業及投資活動外，也會促進人流、物流、旅遊發展等不同範疇，惠及不同行業和人士，佔全港企業總數逾 98% 的中小企業將能直接或間接受惠。港深河套地區科技園應建成現代產業區，並學習廣東省建設與自貿試驗區功能定位相匹配的現代產業體系。同時，大力引進國際業務總部、名牌企業和商務服務機構，扶助中、小企業轉型升級，促成香港順利實現第 3 次經濟轉型。

香港的中小企可借助國家戰略，自建合作區，直接進行投資，開拓市場，依託合作區「走出去」或「請進來」，降低成本。「一帶一路」沿線有超過 60 個國家和地區，當中包括香港的第 2 大貨物貿易夥伴東南亞國家聯盟（東盟）以及歐洲較成熟的經濟體。香港可以發揮「一國」和「兩制」的雙重優勢，以及憑藉擁有優秀人才和豐富的國際經驗，促進「一帶一路」各國以香港為交流及發展平台，吸引外資。

香港是一個外向型的經濟體，長遠必須不斷發展多元化的對外經濟關係。改革開放以來，由於中國經濟發展快速，香港的角色已經大大改變。2016 年底，在香港主辦的「探討東盟沿線及白俄羅斯

投資環境」研討會上，中國內地在馬來西亞、老撾、印尼和白俄羅斯等地設立的境外經貿合作區和工業園的代表，向香港企業家介紹了當地的投資環境、招商條件和最新發展情況，表示協助香港的中小企業把握機遇，投資「一帶一路」沿線國家和地區。

「一帶一路」倡議將中國的產業及生產要素推向沿線國家流動，便可以產生擴散、輻射效應，一方面可拉動沿線國家的經濟發展，另一方面，沿線國家的經濟增長又能反過來促進中國的經濟發展，形成一個循環上升的累積過程。

香港是能夠容納更多人才、資金和發展機會的大平台。全球的商機在香港交叉融合，最終形成一張覆蓋範圍更廣的市場大網。中國政府提出「協力廠商市場」合作模式，以此與歐洲多國優勢互補，進行聯合體投標、聯合生產以及聯合投資等新型合作，實現三方互利共贏。中國與歐洲國家的「協力廠商市場合作」，增加對沖、合作的空間，培育新的經濟增長點，將更有利於助力「一帶一路」沿線國家和地區發展現代產業！

《信報》 2017-05-24

港青是「一帶一路」生力軍

　　隨着「一帶一路」建設的發展，香港與「一帶一路」沿線地區的人文交流將日益頻密和活躍，香港的旅遊業將更發達，作為國際城市的地位將會更鞏固。香港未來的發展與「一帶一路」息息相關，所有關注社會整體或個人發展的年輕人，應加深對「一帶一路」的認識。

　　「一帶一路」貫穿亞歐非大陸，一頭是活躍的東亞經濟圈，一頭是發達的歐洲經濟圈，中間廣大腹地國家經濟發展潛力巨大。中國與沿線國家高層互訪頻繁，政府、議會、黨派、地方友好往來持續升溫；中國 — 中亞絲綢之路聯合申遺取得成功，海上絲綢之路申遺業已啟動，文化、教育、科技、旅遊、商務等民間往來日益密切。

　　如果香港能在「一帶一路」中擔當重要角色，同沿線國家的交流活動、商務活動一定頻繁，不少活動有機會在香港舉行，對香港發展商務旅遊、會議展覽、文化科技交流都有帶動作用。因此，應讓香港的年輕代，全面了解「一帶一路」沿線幾十個國家的風土人情。

　　人才匱乏將會成為影響「一帶一路」這一重大倡議的瓶頸。「一帶一路」覆蓋的中亞、東南亞、南亞、西亞和東非 65 個沿線國家，5 個地區的官方語言數量超過 40 種，但目前「一帶一路」諸如波斯語、土耳其語和斯瓦希里語等小語種人才偏少。香港擁有通曉世界各國語言的優勢，可考慮在香港年輕人裏，短時間內培養各類小語種人才。這些外語人才還能擔當「超級聯繫人」，向世界介紹香港、

加強香港與世界尤其是亞非拉國家的文化聯繫，發揮重要作用。

在發展創新科技方面，香港有不少優勢。香港是一個高度開放的國際化城市，有完善的基礎設施、通訊網絡，良好知識產權保護制度以及來自全球的優秀專業人才。香港還有一流大學、觸覺敏銳的企業，創新能力、潛力和發展空間得到高度認可，也面臨難得機遇。特區政府和業界抓住機遇，通力合作，加強官產學研合作，繼續加強與內地合作，加強創新人才培育和引進，將使創新科技成為香港經濟發展新引擎。

香港青年應把握時代機遇，利用獨特優勢，積極創新創業。有關方面亦應學習內地，發展眾創、眾包、眾扶、眾籌的新模式，構建多方協調的創新創業機制，為香港年輕人創造更多、更好的發展空間。

《香港商報》 2016-05-27

香港在「一帶一路」角色重要

　　「一帶一路」這個涉及廣泛地區的發展倡議，無疑將為香港帶來發展機遇。香港採用國際商界熟悉的普通法制度，有較為豐富的國際投資、貿易及金融等領域的法律經驗，也是亞太地區廣受信任的爭議仲裁服務中心。香港市場開放、自由和高度國際化，資金、人才、資訊自由流動，市場監管成熟，這些優勢決定了香港將在「一帶一路」建設中發揮重要作用。

　　自「一帶一路」倡議提出以來，中央與香港、政府與民間、商界與學界均有過諸多論述，其中的共識是，香港在國家「一帶一路」倡議中具有獨特的作用。

　　基建先行是「一帶一路」倡議的首要任務。據亞洲開發銀行估計，2010 年至 2020 年間將建設亞洲各經濟體的基亞高鐵、泛亞高鐵和中俄美加高鐵（其中前三條的國內段據報道已經動工，境外段及第四條仍在談判及商討）。預計除了鐵路，其他跨地區及「一帶一路」沿線的港口設施、機場、公路，以至電力、通訊等，將會是中國資金「走出去」投資的目標。除了投資層面，「走出去」進行國際工程承包和機械出口也將引發不少機遇。

　　因此，香港可在基礎設施聯通方面，優先暢通瓶頸路段，推動口岸設施建設和港口合作建設，實現國際運輸便利化；建設區域通信幹線網路，提高國際通信聯通水準。投資貿易合作方面，研究解決投資貿易便利化問題，共同商建自由貿易區，以投資帶動貿易發展，加強與有關國家在產業鏈條上的合作，推動上下游 / 關聯產業

協同發展，建設境外經貿合作區。

　　基建是「一帶一路」發展的第一步，也會延伸至相關行業，涉及投資和工程承包及相關的服務需求。當中融資、專案風險／品質管理、IRES 標準等領域，將為香港帶來更多發展空間。香港向來是內地企業「走出去」的平台，據內地統計，截至 2013 年底的累計投資計算，內地通過香港進行的對外投資達 3,771 億美元，佔累計投資總額 57.1%。海外投資及併購活動增加，將帶來對香港相關的專業服務需求。

　　「一帶一路」發展後，中國同相關國家之間的人員往來、國際物流需求等都會增加。國際物流聯繫和運作，正是香港業界的優勢之一。除了貨運服務受惠，香港作為海運服務中心的功能可能得到進一步發揮。

　　金融服務將是香港可以擔當更大角色的領域，提供更多不同的服務，包括集資、融資、債券、資產管理、保險、人民幣離岸業務等。香港可以爭取在「兩行一金」的運作上發揮更大的角色功能，包括設立總部和分支機構，利用香港國際化的人才，爭取絲路基金的子基金落戶香港。

香港應參與亞太自貿區建設

2016 年 11 月 19 日，國家主席習近平出席在秘魯利馬舉行的 2016 年亞太經合組織工商領導人峰會時，發表了題為「深化夥伴關係　增強發展動力」的主旨演講。

習近平就推進亞太自由貿易區（FTAAP）建設提出了四個努力方向，為亞太開放型經濟提供制度保證，增強自由貿易安排開放性及包容性，維護多邊貿易體制。亞太自由貿易區跨越太平洋，涵蓋世界前三大經濟體，佔全球 GDP 57%、貿易額 46%、人口 40%。隨着習近平大力推動亞太自貿區，這個自由貿易區的建設有望提速。學者分析，亞太自貿區的建成能更充分地發揮中國在區域內的資源整合能力，拓展資源配置空間，為中國經濟結構升級和轉型助力；另一方面，中國歡迎各方參與到「一帶一路」合作，將促進亞太自貿區互聯互通，實現聯動發展。

從規模和比例上來說，亞太自貿區將成為全球最大的自貿區，這對全球貿易的發展將有劃時代的意義。根據太平洋經濟合作理事會發佈的《區域狀況 2014—2015》年度調查報告預測，到 2025 年，增益效果最大的當屬亞太自貿區。如果協定能夠達成，將給全球經濟帶來 2.4 萬億美元產值的貢獻。面對這一個歷史機遇，香港應主動參與亞太自貿區建設，並通過配合國家戰略，把握機遇，完善佈局，在未來新的區域經濟整合中謀求最大利益。

今後很長一段時間，全球金融經濟格局可能出現全面重組。香港是全球重要的國際金融中心，擁有高效的資本市場及多元化的

融資管道，從「滬港通」及兩地基金互認安排，證明香港的金融市場在互聯互通方面扮演重要的角色。在亞太自貿區構建過程中，香港應發揮高端服務業、金融、仲裁、貿易規則制訂等優勢，主動參與亞太自貿區規則構建及制訂，在新一輪國際競爭中贏得先機和主動，尤其是在基建融資上可以扮演重要的角色。

香港本地服務市場需求有限，作為國際金融中心所服務的實體經濟幾乎全在香港境外。因此，參與一個開放、穩定、資金和人才自由流通的亞太自貿區，可實現香港自貿網絡的全球佈局，從而走出經濟困局。

中國在謀求自身發展的同時積極帶動亞太國家共同發展，為本地區人民創造更多機遇。由此可見，發展產業，對一個國家和地區的經濟發展、就業乃至總體競爭力尤為重要！

香港作為高度外向型經濟體，面對新一輪區域經濟整合大潮，須主動投身其中才能贏得先機。香港社會各界應提升危機意識，把握國家進一步改革開放、提出「一帶一路」倡議的機遇，積極參與亞太自貿區建設，發展更多切實可行的新產業，為本港經濟找到新的增長點，讓市民分享更多經濟增長紅利。

《信報》 2016-11-30

發揮優勢助力「一帶一路」

　　2015 年 3 月 28 日，国家發展改革委、外交部、商務部聯合發佈了《推動共建絲綢之路經濟帶和 21 世紀海上絲綢之路的願景與行動》（以下簡稱「願景與行動」），特別指出，將發揮海外僑胞以及香港、澳門特別行政區獨特優勢作用，積極參與和助力「一帶一路」建設。同時，為台灣地區參與「一帶一路」建設作出妥善安排。

　　「願景和行動」提到，「一帶一路」沿線各國資源稟賦各異，經濟互補性強，彼此合作潛力和空間都很大。合作重點包括政策溝通、設施聯通、貿易暢通、資金融通、民心相通等五方面內容。範圍聯通了由歐亞到非洲的眾多國家，涉及總人口約 44 億、經濟總量約 21 萬億美元，分別佔了全球的 63% 和 29%，途經的多數是新興的發展中國家，蘊含着龐大的發展機遇及潛力。

　　香港作為國際金融、貿易、航運中心，擁有「一國兩制」的獨特優勢。研究表明，香港的基礎設施建設和城市化進程具備「世界水準」，香港的優勢包括高效便捷的本地和地區交通、頂級的通訊與連接設施，以及世界領先的海上和航空貨運系統與物流樞紐。

　　「一帶一路」沿線國家和地區宜加強基礎設施建設規劃、技術標準體系的對接，推進國際骨幹通道建設，逐步形成連接亞洲各次區域以及亞歐非之間的基礎設施網絡，香港的基建經驗可以借鑒。法律界人士指出，香港經貿方面的法律健全，「一帶一路」基礎建設可能牽涉到巨額投資，香港具有足夠的經驗，可進行法律保護和監管。

　　香港是世界第八大貿易經濟體系，近年處理的離岸貿易越來越

多。近年來，亞洲各國簽訂多項自由貿易協定，逐漸發展成為一體化市場。以區域計，東盟是香港的第四大出口市場及第二大交易夥伴。香港與東盟自由貿易協定的談判料於 2016 年完成，將可促進香港與東盟的經濟關係，使香港成為「一帶一路」沿線國家和地區貿易樞紐。

香港是歷史悠久的國際化大都市，聚集了許多國際機構、公司及決策人士作為管理其區內業務、人才與資金的平台。香港作為區內首屈一指的金融中心，可以充分運用香港在人民幣離岸中心、融資和資產管理、專項服務等方面的優勢，支持「一帶一路」框架下「亞洲基礎設施投資銀行」的籌建和營運，同時一起從亞洲這個充滿發展活力和潛力的地區，獲得更多經濟紅利。

香港一直是內地走向國際的重要通道，與內地建立了越來越緊密的經貿聯繫，對內地市場和文化環境有較深入的了解。「一帶一路」對香港是一個新機遇，尤其是對香港的支柱產業，例如金融、貿易、物流等。如果香港與內地進行更緊密經貿合作，可以共贏龐大商機。

《香港商報》 2015-04-15

爭取設立亞投行香港分行

2015 年 6 月 29 日，《亞洲基礎設施投資銀行協定》在北京簽署，為亞投行正式成立並及早投入運作奠定了堅實的法律基礎。

「一帶一路」沿線涵蓋十億計人口的 60 多個發展中國家，對香港而言是極具發展潛力的新興市場。對於設立亞投行香港分行的建議，中央有關部門表示，未來在亞投行運行過程中，一定會考慮香港角色，香港也有這個實力。

我國倡建亞投行的初衷在於，通過基礎設施建設項目推動亞洲地區經濟增長，促進私營經濟發展並改善就業。香港的基礎設施建設和城市化程度具備「世界水準」，香港的優勢包括高效便捷的本地和地區交通、頂級的通訊與連接設施以及世界領先的海上和航空貨運系統與物流樞紐。亞投行重點服務於「一帶一路」建設，將涉及大量基建工程，由道路、碼頭，以至電力、工廠，香港的基建經驗都可以借鑒。更重要的是，亞投行需要具備投資理念、金融經驗、財務知識、國際化眼光、工程經歷及外語文化等方面的能力，香港擁有大批優秀專業人才，可以參與亞投行運作。

我國作為大股東，亞投行的建立，將使人民幣加快走向國際化，為世界其他國家的貨幣儲備提供一項重要選擇，在國際貨幣儲備方面具有重要平衡作用。

香港在人民幣國際化的漫長而艱巨探索中，可以扮演關鍵角色。事實上，中央已為香港負起這歷史重任創造條件：允許本港銀行進行人民幣業務，業務範圍不斷擴大。香港在這方面亦正形成條

件，包括建立人民幣結算機制，並爭取為人民幣行使國際貿易貨幣功能提供服務。循此路向，香港金融業的發展前景亦會更美好。

亞投行作為世界性金融組織，將大大穩定世界的金融秩序，減少相關金融危機的發生。同時，可有效規避我國內地企業的外貿風險。香港在稅制、人才、交通設施、財務制度等領域，相比內地更符合國際標準的監管。如果在香港設立亞投行分行，可以幫助內地企業在引進所需資金、人才技術等方面規避風險，打造內地企業「走出去」的優勢。

香港從貨物貿易、金融貨幣轉口再到文化傳遞，都可利用司法與國際接軌的優勢，在香港設立「一帶一路」框架下的仲裁調解中心。不可否認，外國投資者都希望借助香港為「跳板」進入我國內地市場；內地民營企業家也很願意借助香港走出去，希望香港有一個穩定的營商環境。

《香港商報》 2015-07-09

發揮香港優勢參與高質量發展

　　2018 年 11 月 5 日，首屆「中國國際進口博覽會」在上海開幕，有 130 多個國家及地區 3,600 多家企業參加，這是中國首次主辦國際進口博覽會，也是全球首個以進口為主題的博覽會。國家主席習近平在開幕式上發表重要講話強調，只要保持戰略定力，全面深化改革開放，深化供給側結構性改革，下大氣力解決存在的突出矛盾和問題，中國經濟就一定能加快轉入高質量發展軌道。

　　香港是「一帶一路」建設的一個重要節點，具備區位優勢、開放合作的先發優勢、服務業專業化優勢，以及文脈相承的獨特優勢，能夠在國家高質量的擴大開放中發揮重要作用。

推五舉措促高質量擴大開放

　　為進一步高質量地擴大開放，國家主席習近平在進博會開幕式上還宣佈了五項舉措。

　　第一，激發進口潛力。中國將進一步降低關稅，提升通關便利化水準，削減進口環節制度性成本，加快跨境電子商務等新業態新模式發展。

　　第二，持續放寬市場准入。進一步實施外商投資准入負面清單，加快電信、教育、醫療、文化等領域開放進程。

　　第三，營造國際一流營商環境。中國將保護外資企業合法權益，堅決依法懲處侵犯外商合法權益特別是侵犯知識產權行為，提

高知識產權審查質量和審查效率，引入懲罰性賠償制度，顯著提高違法成本。

第四，打造對外開放新高地。中國將抓緊研究提出海南分步驟、分階段建設自由貿易港政策和制度體系等。

第五，推動多邊和雙邊合作深入發展。中國願推動早日達成區域全面經濟夥伴關係協定，加快推進中歐投資協定談判，加快中日韓自由貿易區談判進程。中國將繼續推進共建「一帶一路」，推進重大項目建設，搭建更多貿易促進平台。

港企拓展內需市場良機

香港非常重視「進博會」，有逾 160 家港企參展，這是港企打入龐大內銷市場的良機。

香港館設在中國館展示區，通過運用多媒體科技，如 OLED 透明觸控熒幕、混合實景裝置、全息投影儀器、立體光雕投影、互動圖書及裸眼 3D 顯示屏等技術，介紹香港的優勢、香港大型基建設施、著名旅遊景點，及香港產品和服務優勢。香港館以「進」為主題，通過香港將國際最好的東西引進內地，亦將把國家最好的東西帶到世界各地。

香港展示區的主題還包括：香港參與「一帶－路」建設、粵港澳大灣區發展、香港於國家改革開放四十年間的貢獻、「一國兩制」及基本法等。去年內地進口額總值達 18,410 億美元，約 15% 的進口貨物通過香港處理，而且有不少為科技產品。同時，香港貿發局還組織香港企業及相關團體參與企業商業展，當中包括在貨物貿易及服務貿易兩方面，全面展示香港的優質產品及專業服務。貨物貿

易方面，共有 22 家香港食品企業通過貿發局申請參展；服務貿易方面，則有 15 家企業通過貿發局申請參展；連同自行報名參展的企業，共有超過 160 家香港企業參展。

德國中小企業發展對港啟示

眾所周知，德國為出口導向型經濟，是全球八大工業國之一，是歐洲最大汽車生產國，坐擁三大知名汽車品牌：寶馬、奔馳和大眾。但是，翻看本次參展的德國企業名單，一個個並不常見的企業名稱引人不禁注目。其實，除了那些鼎鼎大名的德國工業巨頭，德國還有更多各具特色的精緻型小企業，它們往往深耕於某一細分技術領域，靠着精益求精和不斷創新突破的工匠精神把某一品牌傳承了百年。

如現場展出的無人駕駛叉車的德國永恒力、在現場模擬「工業 4.0」生產流程的德國通快等。雖然這些企業體量相對較小、鮮有人知，但卻在各自行業中成為世界市場的領頭羊。有專家統計，在全球 2,700 多家這樣的「隱形冠軍」企業中，德國企業幾乎佔據半壁江山。可以說，這些中小企業才是德國工業發展的基石，實在值得香港中小微企業學習和借鑒。

《文匯報》　2018-11-10

香港是「一帶一路」投融資平台

2016 年 3 月 22 日，中央全面深化改革領導小組舉行了第二十二次會議，會議指出，要完善政府投資體制，發揮好政府投資的引導作用和放大效應，完善政府和社會資本合作（PPP）模式。要拓寬投資項目資金來源，充分挖掘社會資金潛力。

PPP 的英文全稱 Public-Private-Partnership，即公私合作模式，是公共基礎設施中的一種專案融資模式。在該模式下，鼓勵私營企業、民營資本與政府進行合作，參與公共基礎設施的建設。根據財政部 PPP 中心的資料，截至上月底，全國推出 PPP 項目總計 7116 個，專案擬投資額驚人，超過 8.3 萬億元人民幣。不過，專家認為，目前內地企業投資主體地位還不能得到很好的保證，社會資本活力也不能有效發揮，因此上述會議首先強調了要確立企業投資主體地位，平等對待各類投資主體，放寬放活社會投資。

自從內地改革開放以來，香港就是內地最大的投資者，港企對內地市場認識較深，有較大的商務網絡，在中央深化投融資體制改革的過程中，香港投資者可以獲得更多的商機。

香港作為國際金融中心和環球投資樞紐，可以配合內地深化金融改革，為「一帶一路」提供理想的投融資平台，以及資產管理、風險管理、離岸人民幣服務、保險服務等。同時，香港專業服務及基建發展支援服務優秀齊全，加上法制完善、透明度高，能提供公平公正的調解服務，能為「一帶一路」龐大而複雜的發展項目降低風險。

完善政府投資體制，發揮好政府投資的引導作用和放大效應，完善 PPP 模式，可打破社會資本進入公共服務領域的各種不合理限制，鼓勵國有控股企業、民營企業、混合所有制企業等各類型企業積極參與提供公共服務，給予中小企業更多參與機會，大幅拓展社會資本特別是民營資本的發展空間，激發市場主體活力和發展潛力，有利於盤活社會存量資本，帶動經濟發展。

香港可配合內地深化金融改革，全面發揮資本市場優勢，讓人民幣進一步國際化，推動人民幣成為可兌換、可自由使用貨幣，鞏固人民幣計價交易和結算貨幣地位以及國際儲備貨幣的功能。

在目前內地全面深化改革的過程中，香港投資者可以更有作為。顯而易見，內地全面深化改革的目標和措施，無疑將給香港經濟發展帶來新的機遇。

在落實企業投資主體地位方面，內地一些地方採取負面清單管理模式，進一步放寬市場准入。改革企業投資項目核准制，最大限度縮小企業投資項目核准範圍，取消現行核准許可權內市場主體能夠自主決定、自擔風險、自行調節的核准事項等。

《信報》　2016-03-25

海上絲路香港擔當重要角色

2014 年 5 月 21 日，亞洲相互協作與信任措施會議（簡稱「亞信」）第四次峰會在上海舉行。這是亞信峰會首次在中國舉辦，包括亞信成員國、觀察員、峰會客人在內的 47 個國家和國際組織領導人及代表討論亞洲安全合作的基礎，共謀亞洲長治久安，提出未來發展的構想。

國家主席習近平在「亞信」會上宣佈：中國將同各國一道，加快推進絲綢之路經濟帶和 21 世紀海上絲綢之路建設，盡早啟動亞洲基礎設施投資銀行，更加深入參與區域合作進程，推動亞洲發展和安全相互促進、相得益彰。他指出：可持續，就是要安全和發展並重，以實現持久安全。發展是安全的基礎，安全是發展的條件。「對亞洲大多數國家來說，發展就是最大的安全，也是解決地區安全問題的總鑰匙。」香港作為中國的一個特別行政區，又是亞洲商業環球樞紐、國際金融中心，可配合國家在「亞信」有所作為。

香港背靠祖國內地，面朝南海，為珠江內河與南海交通的咽喉，南中國的門戶，是亞洲及世界的航道要衝。香港回歸後實施「一國兩制」，由於其特殊的政治背景、地理位置和其作為亞洲地區最大的國際金融中心的地位，決定了香港可以促進「亞信」的合作發展。

習近平在「亞信」峰會提出建設 21 世紀海上絲綢之路，香港亦將在其中擔當不可或缺的角色。歷史上，香港就在海上絲綢之路擔當了重要角色和發揮橋樑作用，今後在海上絲綢之路大區域合作方面，相信香港可以繼續發揮重要作用。為鞏固香港作為國際主要航

運中心的地位，特區政府在 2003 年 6 月將港口及航運局重組，成立香港航運發展局，對航運業也進行結構性調整。目前，香港有大約 840 家與船務相關的公司提供優質的航運服務，包括航運保險、法律、仲裁、船舶融資、經紀服務、管理、船舶注冊和船舶檢驗服務等。專家認為，目前香港與東盟區域經濟合作談判已經啟動。相信香港有更多機會參與海上絲綢之路發展。

《大公報》 2014-05-31

債券通開放意義重大

　　2016 年 11 月 29 日，香港金融發展局發佈《有關內地與香港債券市場交易互聯互通機制（債券通）的建議》，探討內地及香港零售投資者在「滬港通」模式下，相互直接投資對方的債券市場。李克強傳遞出的訊息說明，中央政府採納了金發局的建議，顯示進一步開放內地資本市場、完善債券市場的決心。

增香港債券市場流動性

　　債券市場互聯互通，簡稱「債券通」。事實上，自 2008 年起，中央就陸續出台各項政策推動債券市場互聯互通。在各項政策的助推下，「債券通」應運而生。資料顯示，近期內地投資者對境外債券基金的需求激增，但目前可以投資的管道不多，相信「債券通」有助拓寬跨境零售投資者的投資選擇，在開放內地資本市場之餘，亦增加香港債券市場的流動性。

　　香港長期偏重股票市場發展，債券市場、商品交易和外匯市場發展深度不夠，令這些市場的發展速度較慢。專家認為，香港若想保持競爭力，必須大力發展債券市場、大宗商品市場，加快建設全面、多元化的國際金融市場體系，不斷拓展金融市場的深度和廣度。

促成多層次資本市場體系

　　早在 2014 年 5 月 9 日，國務院就正式發佈《國務院關於進一步促進資本市場健康發展的若干意見》（下稱「新國九條」），提出深化債券市場互聯互通。在深化資本市場改革發展的基礎上，確定到 2020 年，基本形成結構合理、功能完善、規範透明、穩健高效、開放包容的多層次資本市場體系。

　　「新國九條」不僅重申既有的改革取向，有利於推動各方形成合力推進資本市場建設，亦對債券市場發展、私募市場建設、中介機構綜合競爭力提升等方面也作出表述。

　　值得關注的是，以國務院級別文件的方式重申這些問題，將有利於推動各方形成合力，在關鍵領域的改革上取得實效，部分政策部署已基本落實。特別是「新國九條」中再次確認推進股票發行註冊制改革，以及發展多層次的股權市場、完善債券市場互聯互通、強調發展金融衍生品市場等，已進入實施階段。由此可見，準備在今年推行的「債券通」，將有助國家深化債券市場改革。

為「一帶一路」提供金融服務

　　眾所周知，香港是「一帶一路」區域內最大的國際融資中心，依託絲路基金、亞投行、金磚銀行等區域內的主導性的金融多邊機制，可建構以香港為基地的全球融資體系。專家分析，香港有必要全面識別「一帶一路」的戰略機遇，明確定位，使香港的人才、資金、金融服務等優勢，在更廣闊的平台上發揮更重要的作用，在積

極參與國家戰略建設的同時，進一步鞏固和提升香港在國際市場的影響力。

應該看到，香港銀行業可加強與「一帶一路」區內沿線國、區外國家客戶的聯繫，形成良性互動的業務聯動；從全球資本市場，把各種機會、各個領域、各個客戶聯繫起來，為「一帶一路」提供貸款、債券、股權等不同類型資金，滿足不同客戶的多元化資金需求；同時，提升人民幣在貿易融資、項目投資、跨境貸款中的使用比例，並配合做好風險防範。

《信報》 2017-03-20

航母來港護衛「一國兩制」象徵

　　2017 年 7 月 7 日上午，中國的第一艘航母「遼寧艦」攜數艘導彈驅逐艦和護衛艦組成的航母編隊，進入香港內海，正式開啟為期 5 天的行程。「遼寧艦」此行目的，是為慶祝香港回歸祖國 20 周年成功實踐「一國兩制」暨中國人民解放軍進駐香港 20 周年慶祝活動，並於 7 月 8 日至 9 日在香港舉行艦艇開放活動，讓兩千餘名持票香港市民登艦參觀。

　　此次「遼寧艦」航母編隊來港，亦體現了國家對香港的高度重視。遼寧艦自從 2012 年開始服役，一直沒向公眾開放。現在香港市民成為它對外開放的首批賓客，它還將首次集中展示戰鬥技術，體現了國家對港人的特別關愛。航母作為超級艦船，具有「船大抗風浪」的特點。

　　實際上，猶如航母一樣，中國超乎尋常的抗風險能力是香港之福，為香港築起了安全屏障。1997 年的亞洲金融風暴，2003 年的非典，2008 年的全球金融危機，中央政府力挺香港，幫助香港渡過了難關。以往的事實充分印證了這一點，隨着國家實力的不斷增強，抗風險能力一定會愈來愈強。香港有祖國內地作為後盾，如同有了一道鞏固的安全屏障。

宣示香港與祖國不可分離

「遼寧艦」航母編隊來港，向全世界宣示：香港是中華人民共和國不可分離的部分，香港的海域理所當然地屬於中國海軍所停泊、守護。事實上，中國成功晉身世界航母大國之一，航母編隊短短數年間由無到有，目前已擁有跨海區作戰能力，無疑大大有利於確保國家主權、安全和發展利益。今次來港的除了遼寧艦，還包括兩艘驅逐艦和一艘護衛艦，以及多架艦載戰鬥機和直升機。對於遼寧艦來港，香港市民不僅爭睹英姿，亦與有榮焉！

中國是個海洋大國，擁有主權和管轄的海洋面積達 473 多萬平方公里，擁有海岸線總長達 18,000 多公里，列世界第四位。今天中國航母甲板停着掛着導彈的先進「J15 戰機」和武裝直升機，以及與「神盾」等同的戰艦艦炮、導彈，這些在在表明，中國的國防力量強大起來了！繼「遼寧艦」之後，完全由中國自己建造的「001A」航母上月下水；而更先進的航母也正在建造。我國的近海海軍正向遠洋深藍海軍轉變，成為捍衛國家發展利益的堅實力量。

維護「一帶一路」海上安全

海軍是國際性軍種，享有自由通過國際海域的權利。未來中國海軍將充分發揮自身優勢，更多地維護國家海洋權益，維護海上交通和「一帶一路」海上安全線，參與海上軍事合作，實施國際救援，使海洋成為「和諧海洋」，遼寧艦編隊顯然發揮着非常積極的作用。

　　從能源、商品、物流、航運等方面，都證明中國是一個海洋大國。2017 年 5 月，「一帶一路」國際合作高峰論壇在北京舉行，包括 29 位外國元首和政府首腦在內的來自 130 多個國家和 70 多個國際組織約 1,500 名代表齊聚北京，共商發展大計。「一帶一路」得到國際社會強烈回應，中國在全球範圍內的資源整合能力由此可見一斑，這裏蘊藏着無限商機。

《文匯報》　2017-07-11

第四章

灣區共融　協同發展

導　言

　　「灣區」已經成為世界經濟發展的重要增長動力，更是國際競爭力和創新能力的發源地之一。粵港澳大灣區正是在這樣的背景下應運而生。作為中國開放程度最高、經濟活力最強的區域之一，粵港澳大灣區承載着對整個中國經濟未來圖景的想像和期望。大灣區是在一個國家、兩種制度、三個關稅區、三種貨幣的條件下建設的。三地優勢互補，你中有我、我中有你。「一國兩制」所保障的大灣區多元制度格局，是大灣區發展的最大制度優勢，有助港澳利用其制度優勢與內地城市互補，將其金融、法律、會計、物流等專業服務輻射珠三角城市，進而帶動整個大灣區的發展，同時也為大灣區對接國際規則提供更加靈活的制度安排。

　　粵港澳大灣區建設具有「一國兩制」里程碑的意義，是國家開啟新時代改革開放和發展新階段的重大舉措，也是港澳融入國家發展大局的新時代發展機遇。大灣區建設不僅僅是要追求可持續的經濟發展，也追求粵港澳地區的進一步整合和維護國家主權、安全和發展利益，推進祖國和平統一大業。如果說港澳回歸是「一國兩制」由構想變現實的第一站和第二站，那麼粵港澳大灣區建設成功，將是第三站。香港主動融入國家發展大局，積極參與粵港澳大灣區建設，在實踐中豐富「一國兩制」內涵，既是「一國兩制」的應有之義，也順應改革開放的時代要求。

促進大珠三角融合發展

　　大珠三角的融合發展是一項國家戰略，目的在於充分利用各城市（以及港澳）的競爭優勢。當然，有機遇必會有挑戰，香港在大珠三角融合發展中，除了擁有巨大的機遇，也面臨着嚴峻的挑戰，香港需要未雨綢繆，對所有可能出現的問題，盡快研討應對策略。

泛珠深化合作迎來新機遇

　　廣東的經濟發展與香港、澳門密不可分，因此上升成為國家戰略是及時而必要的，不但對廣東經濟發展與轉型有指導性，也會對香港和澳門地區的長遠發展產生積極的影響。國家發改委是在經過長時間調研，會同廣東省人民政府和有關單位才編制成《珠江三角洲地區改革發展規劃綱要》，經國務院常務會議上獲得原則通過，規劃到 2020 年，這標誌着珠三角改革發展正式成為國家戰略。在這個綱要中，提出了全面融合發展的開放型經濟，不但要考慮促進珠三角區域經濟一體化，帶動周邊地區加快發展，而且要更好地促進粵港澳的緊密合作，提升合作水準，維護港澳地區長期穩定繁榮。

　　珠三角毗鄰香港，其產能佔了廣東 GDP 的 80%。過去 30 多年，港粵兩地攜手發展，亦為港資港企提供了廣闊的市場，使兩地經濟騰飛，獲得共贏。珠三角已成港資的重鎮，港企佔逾六成。可以說，香港與內地的經濟融合是從珠三角起步的，香港企業當時充分把握內地經濟起步階段的機遇，充分發揮本港物流、管理、金融

等方面優勢，從而使產業更新換代，獲得發展。這充分說明，香港與內地可以優勢互補，發展互利共贏。目前，廣東推進的珠三角轉型發展戰略及粵東西北振興戰略也將為香港帶來巨大發展空間，珠三角優化發展與港企轉型相輔相成。因此，香港企業應全力轉型，加強技術增值。香港服務業更應把握機遇，積極拓展珠三角市場，以前海、橫琴和南沙三個創新平台，助香港經濟升級，提高競爭力。

香港本是「大珠三角」一員，更應主動積極地促進泛珠合作發展，利用 CEPA 等優勢，發揮更大作用，開拓更大空間，與泛珠的 9+2 省區加強合作，共同發展。資料顯示，「大珠三角」就是通常所說的 9+2 省區，區域面積堪比丹麥和瑞士等歐洲國家，泛珠 9+2 省區，經濟總量佔全國比重逾四成。如果包括廣東 9 個主要城市（以及香港和澳門）成功轉型升級，將使這一地區發展成為世界上最繁榮的城市群之一。

為實現大發展目標，「大珠三角」地區將通過轉型升級和推進全面改革提高生產力，香港應盡早策劃，把握前所未有的機遇。

給香港帶來了獨特機遇

可以預見，強化泛珠合作後，將形成一個以珠三角為核心，輻射到粵東西北再輻射到泛珠省市的網路，這不僅對廣東有利，也對香港有利。據悉，珠三角 9 市將於 2018 年率先實現小康，能否達標取決於轉型升級進程。為此，廣東以《珠江三角洲地區改革發展規劃綱要》作為主線，2013 年出台了「九年大跨越」工作方案，安排了 64 個重大項目，並將前海、橫琴、南沙等平台建設列入其中。

香港地方很小，只有 1100 平方公里，必須向外開拓更大的市

場。中國內地是香港最大的經貿夥伴，因此值得香港政府、工商專業界和廣大市民重視。業內人士表示，國家制定的《珠江三角洲地區改革發展規劃綱要》，給香港帶來了獨特的機遇。香港要繼續保持其經濟動力，便要進一步加強與內地的聯繫，把握內地經濟快速增長的機遇。綜上所述，香港確應把握內地持續改革開放帶來的龐大機遇，促進香港與內地各省市的全面合作和良性互動。

　　注：粵港澳大灣區於 2015 年首次在國家文件「一帶一路」中提出，2017 年被國務院總理李克強納入政府工作報告中，2019 年由中共中央和國務院公佈《粵港澳大灣區發展規劃綱要》。本文早在 2014 年 4 月，就提出：「大珠三角就是通常所說的 9+2 省區，區域面積堪比丹麥和瑞士等歐洲國家，泛珠 9+2 省區，經濟總量佔全國比重逾四成。如果包括廣東 9 個主要城市（以及香港和澳門）成功轉型升級，將使這一地區發展成為世界上最繁榮的城市群之一。」已蘊涵了粵港澳大灣區的構想，有一定前瞻性。

《文匯報》　2014-04-19

香港應在大灣區體制創新發揮作用

　　粵港澳大灣區是在一個主權國家的三個獨立關稅區深化合作的重要嘗試，這個規劃能否成功就在於在「一國兩制」的背景下，真正實現灣區內各城市間的人流、物流、資金流、資訊流真正高效便捷地流通。應更注重城市間的多元與融合，要做到真正全面開放、基礎建設聯通。

　　粵港澳大灣區確實存在不同制度下的雙關稅、雙法律體系等實際情況，推進粵港澳大灣區一體聯動須進行深層體制創新探索，形成連接三地的體制通道。香港處於東盟與國家的中心，本身就是自由港，又面向近 20 億人口的市場，應是大灣區三地的最佳連結點。大灣區擁有 6,600 萬人口，而且與廣大的內地市場無縫對接，如果港澳與內地市場能充分融合，無論是傳統產業還是互聯網產業，都可與大灣區融為一體，達至合作互利。

　　大灣區建設應充分發揮市場分配資源的作用，可考慮參照 PPP，即公共私營合作制模式實現政府與企業間的合作。顯而易見，粵港澳大灣區建設的目標是在創新驅動下，帶動粵港澳科技創新資源向產業鏈高端集聚；實現重大基礎設施互相聯通、生產要素流動加速、人才跨界創業，具體包括產業生態、專業服務、公共服務、商旅服務四方面。香港是國際金融中心，可藉此搭上創科快車，發展金融科技與智慧城市。

　　在大灣區主要城市協同發展、資源有效連結的條件下，首要是完善大灣區三地產權制度，才能合作互利。香港應以內地國企混改

為契機，充分發揮國際金融中心優勢，引進外部資本參與國企改革後的混合所有制經濟，從而促進傳統產業優化升級，提升香港在經濟全球化的競爭力。

值得關注的是，防範重大風險重點是防控金融風險，「去槓桿」、促使金融業服務實體經濟、清理整治各種金融亂象、加強監管等成為經濟金融工作的重點，這是中國經濟持續穩定發展的關鍵。我國將大幅度放寬金融等領域外資准入，推進實施高水平的投資便利化措施，並全面實施市場准入負面清單。

香港是國際金融中心，可藉此發展金融科技與智慧城市。事實上，數字經濟為代表的新經濟發展蓬勃，大資料技術產業創新發展，已形成內地網購、移動支付等方面發展領先全球，香港應大力推動移動支付，為跨境金融平台作好部署。同時，積極參與構建多層次資本市場，建立互聯互通機制，擴大至交易所買賣基金，加速人民幣國際化步伐，香港金融業將大有可為。

服務業一向是香港經濟強項，將可成為受惠者。圍繞「一帶一路」建設，以投資帶動貿易、產業發展，特別是在金融與專業服務方面，香港正好發揮所長。

《文匯報》　2018-01-05

互通互聯是大灣區成功關鍵

粵港澳大灣區的建設關鍵在於互通互聯，各個元素之間相互融合，粵港澳大灣區在「一國兩制」的大環境下，與國際上著名的灣區城市群建設不完全一樣。存在着兩個截然不同的政治、社會體制及法律制度。因此，香港應與大灣區各城市協調，調整相關政策，提高服務水平，促進香港中小企業優化升級、逐步建立起一個良好的生態系統。

香港擁有不少獨特的優勢，如金融、貿易、航運方面優勢。另一方面，香港在專業服務、法律仲裁、保護知識產權、司法系統、法律系統等，也擁有健全的基礎。專家指出，香港缺乏土地，同時在人力資源方面亦有限制。因此，香港的可持續發展無疑有一定瓶頸。大灣區政策推出後，香港的金融業、物流業、法律服務、專業服務 —— 包括會計、建築、保險等方面，都看到大灣區發展的機遇，亦希望政府在政策上予以配合。

粵港澳大灣區人口達 6,600 萬，在區域面積、機場旅客吞吐量和港口集裝箱三方面，較東京灣區和三藩市灣區更勝一籌。隨着一些基礎建設陸續興建和落成，整個灣區的道路網、鐵路或海運，比從前方便得多。港珠澳大橋、廣深港高鐵香港段通車在即，香港高鐵將與內地高鐵互通互聯，亦可獲更大經濟效益。「一地兩檢」的合作安排，將使香港市民可以實現在香港工作、在灣區其他城市生活。

香港企業絕大多數是中小企業，普遍缺乏從事研究和開發的資本。香港九成勞動人口，受聘於中小企業。因此，中小企業的轉型

升級，關乎香港的千家萬戶，關乎香港整體的競爭力！業界人士認為，香港具備優厚條件向高端高增值的大方向尋覓新商機，應從融資、政策上扶助香港中小企遷移到大灣區轉型升級。

作為世界金融中心及全球最大的離岸人民幣業務中心，香港擁有完善的金融體系與專業從業人員，在金融、航運和貿易三方面為粵港澳大灣區提供服務。香港還擁有一流大學，基礎研究實力不錯，在一些研究領域，如醫療、生物科學都達到國際水平，可與大灣區內的大學、地方政府、國企連接，實行混合制、跨地區互通互聯經營管理，優化香港傳統企業。粵港澳大灣區在製造領域優勢巨大，內地的生產基地和龐大的市場是推動香港創新科技等行業的重要助力，彌補本土土地資源不足的問題，大灣區城市群內亦得以協同發展。

隨着大灣區建設發展，區內理應配套生活設施。學者認為，東京灣區成功經驗是「移民」，通過人口流動能得到更好的教育和工作機會，逐步建立起一個良好的生態系統。這個成功經驗，本港可借鑒。

除了基建以外，兩地民眾文化活動的交流、教育、醫療、養老、公租房、青年事務等方面，都可以藉大灣區發展開拓新的空間。

《文匯報》　2017-11-30

香港應由「單核心」擴展為「多核心」

　　未來應以大灣區建設為契機，打造大香港，將香港發展成為科創產業、國際品牌、物流業中心等。未來的香港將由「單核心」擴展為「多核心」，使功能佈局更均衡，也使香港的獨特優勢得到充分發揮。

　　香港是世界上人流、物流、服務流、資金流和資訊流最融通的地區之一。香港在創新及科技、專業服務和現代服務業方面，都可以為大灣區建設貢獻力量。粵港澳大灣區的基礎是各地的連線性。從基礎設施看，深圳、澳門與香港的口岸通關便利性不斷提升；廣深港高鐵、深圳灣大橋等基礎設施不斷推進；港珠澳大橋即將建成通車，大型基建工程將促進粵港澳大灣區形成「1小時生活圈」。

　　可考慮在大灣區內建公屋、醫院、養老院、學校等公共設施，使香港的許多民生問題得到緩解。誠然，特區政府除了助力完善粵港澳大灣區基礎建設，由此帶來的眾多小措施，也可推動未來更大的變化。諸如過境全面推行「一地兩檢」，在技術層面，也應全面推行數碼化管理。香港身份證系統與內地相通，居民過關只用本港的身份證，配上快速臉型檢證，使過關的時間減至最低。又如推動港澳網絡金融平台與內地連接，可進行跨境的外匯交易。網絡金融跨境平台會方便港澳居民購買內地車票等，降低不必要的制度差別成本。

　　自 2005 年以來，全中國乃至亞洲最大型的消費者品牌調研宣傳活動，為公益性及學術性機構提供了有效資料，香港的優秀品牌和

公司享譽全球。著名的香港名牌或公司更是家喻戶曉。權威人士分析認為，我國經濟正從粗放向集約、從簡單分工向複雜分工的高級形態演進，這是客觀要求。富裕起來的內地廣大的中等收入的群體當然會把錢投向境外，包括香港市場，這為香港品牌帶來千載難逢的發展機會。

內地供給側結構性改革涵蓋的內容非常廣泛，內地已提出，要堅決清除無效供給，創造在醫療、教育、金融、交通、通訊等多領域的新供給和新需求。香港中小企業應把握龐大商機，加強與粵港澳企業的互聯互通，共創國際品牌。

粵港澳大灣區的規劃方向，以發展科技創新產業為主，注重傳統產業的轉型，尋求新的經濟增長點。港深共同開發落馬洲河套科技園，亦為建立「中國硅谷」創造了機會。

科創產業發展過程涉及大量外部金融交易活動，包括上市、重組、兼併、收購，以及資金貸款。作為國際金融中心，香港有着與國際接軌的金融制度和法律制度。很多外國企業在香港有分公司，與倫敦和紐約一樣擁有諸多成為金融科技中心的重要先決條件，如完善的法制、發達的資訊、充裕的專才以及多管道的資金來源，有利粵港澳大灣區內金融機構的推廣。香港更獨特的是資金進出內地的交匯點，應充分利用產融結合優勢，為粵港澳大灣區建設發展提供金融支援。

港珠澳大橋開工的啟示

在 2009 年末，當新一年的鐘聲已傾耳可聞之際，跨海連接香港、澳門和珠海的港珠澳大橋，終於正式開工了。這是經過長達二十多年的討論和研究，歷經艱難困苦、幾度擱置，終於在中央的大力支持下得以開工。

2009 年 12 月 15 日上午，中共中央政治局常委、國務院副總理李克強在珠海出席開工儀式並宣佈工程開工。副總理李克強表示，這是一件具有里程碑意義的大事，大橋建成將大大增強區域整體經濟競爭力。這條大橋將是三地最為重要的大型跨境基建項目之一，是一條通向未來、通向繁榮的大橋。

從粵港澳合作來看，大橋把港珠澳三地串聯一體，駁通珠東珠西部，港澳之間的車程大幅縮短到 20 分鐘，與珠西車程亦大幅減少，大大節省了往來的客、貨運成本及時間。因此，三地可藉此條件，加速人流、物流的暢通，創造區域經濟的新局面。從香港經濟發展來看，打通珠西、粵西便捷通道，有利於香港匯聚由西而來的物流人流，成為新的財富增長點。另外，港商投資珠西，則將大大節約成本，帶來極大商機。港珠澳大橋上馬，預示着港澳經濟全方位接內地，三地一體將協同大發展。港珠澳大橋歷盡曲折終於動工，不僅說明粵港跨境基建交通的重要，更再一次深刻、有力地展示了香港未來發展與珠三角、內地，以及整個國家密不可分的根本道理。

港珠澳大橋從構思到落實動工興建，是「一國兩制」下一次新

的模式與成果，而香港特區肯定會成為這項成果下最大的得益者。

　　對於香港來說，專家分析指出，港珠澳大橋的興建無疑將香港和珠三角拉近了距離，同時香港的輻射能力也將從粵西蔓延到內地。隨着港珠澳大橋的貫通，香港物流業的優勢將煥發新的生命力。由此可見，香港一方面要全力配合大橋的興建，切不要因為某種原因而拖慢大橋工程的進度；另一方面，則要因應大橋的興建和啟用，及時積極地加強配套，大處着眼，長遠打算，最大限度地利用好大橋帶來的經濟、社會、民生等綜合效應。從香港經濟區域佈局來看，有關方面宜重新考量本港西部區域的經濟定位，加大開拓鄰近大橋的配套設施和交通基建，包括東涌新市鎮和大嶼山旅遊資源等的開拓，加上新開通的昂船洲大橋、在議的港深機場軌道及北接屯門的運輸網絡等，給各區域的經濟發展帶來新的機遇，這需要特區政府和相關部門引導配合。

《文匯報》　2009-12-18

港深同城化從先易後難起步

深圳處於產業和城市建設升級轉型的關鍵時刻，自主創新的步伐應該邁得更大一些，未來五年在提高「世界眼光」、深港金融創新和人口結構調整等方面面臨多項挑戰。筆者認為，港深同城化從先易後難起步，兩地政府確應把握機遇，在金融、高技術產業等方面加強合作，互相取長補短，以期互利雙贏。

20 世紀 80 年代以來，隨着經濟全球化與網絡化進程的不斷深化，區域經濟一體化或城市群已經逐步取代單一型城市，成為國家或區域參與全球競爭與合作的主流空間地域單元。區域經濟一體化，在國際上表現為跨區域性的國家間經濟合作，在國家內則表現為城市之間的合作。同城化正是在經濟全球化和區域經濟一體化這種大背景下發展起來的，尤其是作為工業化、城市化發展到高級階段的產物，同城化更是在相鄰城市之間圍繞共同利益間的雙贏之舉。

眾所周知，港深兩地在人文、經貿和法制等方面，由於歷史原因與地理環境的不同，因而各有所長。如果要加強深層次的合作，不應僅限於互相交流，而要有較長遠的規劃，先易後難，採取有效的融合措施。誠然，兩個城市的融合，可有多種方式。以筆者之見，港深加強深層次的合作應是發揮各自所長，共謀持續發展。較為可行的方式應是結成姊妹市，即各有獨立的邊界，但雙方有緊密的經濟貿易及人流與物流聯繫，如 CEPA 的機制。事實上，深圳市亦與八個國際城市結盟，其中包括美國的休士頓市與日本的竹波市，都是以高科技著稱。

　　在地理位置上，香港三面臨海，另一面與廣東深圳接壤。作為國際化的經濟城市，香港與全世界的商貿往來關係密切。香港又是個獨立的經濟體系，有其獨特的比較優勢。因此，港深合作共建大都市，要從體制政策和基建設施入手，及早制訂明確方案，以達致雙贏。

　　港深金融合作已經達到一個較高的水準，在雙方的共同努力下，港深金融業已形成「唇齒相依、休戚與共、互惠互利關係」的基礎，並有望進一步向縱深推進。

　　開發好河套地區，已成為港深共同發展的一個最重要的部分。由於河套地區屬於邊境地區，香港方面一直都不主張開發。但在共建世界級大都市的背景下，香港方面對開發河套地區已採取積極的態度。兩地政府應該把河套地區周邊的生態敏感區域一併納入發展規劃中，做一個整體、長遠的規劃，這樣才可保證河套地區的健康發展。在河套地區發展低密度、高附加值的高科技研發產業或許最合適，在該處可建成一個科技領先全球的東亞的「硅谷」。

　　為促進港深加強深層次的合作，雙方應在優勢互補、互利互惠的原則下加強重大項目的合作，以期可實現港深合作的新突破。

《香港商報》　2008-01-14

如何開發港深邊境區

現存的香港邊境地區界限，是在 1962 年時定下來的。目前深圳河兩岸的發展可謂天翻地覆，深圳河北岸地區從小漁村起步，發展成為高新技術產業之都。從邊界以北看香港邊境，卻是百層高樓對荒蕪原野的俯瞰。

香港特區政府擬對邊境禁區進行重大改組，從 2006 年公佈的規劃來看，港深邊境禁區土地將於 4 年內分階段「解禁」，邊境禁區面積將由 2800 公頃大減約七成至 800 公頃；並將花一億七千萬元建立新禁區邊線圍網，待工程完成後便可正式開禁。預計釋放出的 2000 多公頃土地，可以為香港未來經濟增長提供土地資源和發展機遇，並有利於加強同深圳方面的合作。

在發展港深邊境禁區時，不排除有部分旅遊、展覽及商貿項目，但從香港的長遠發展出發，應重點發展高技術產業，努力打造出一個世界級的高技術產業中心。

眾所周知，中國內地的科研人才儲備豐富，人力資源龐大，又是一個資源大國，有着雄厚的製造業基礎，在造船、航空、鋼鐵、石化和煤炭等領域的發展歷史悠久。特別是毗鄰香港的深圳特區，近年來在高技術產業方面大有發展。若能在解禁後的港深邊境區建立高科技產業開發中心，就可充分發揮兩地的比較優勢。

綜上所述，筆定提出以下五項建議，旨在拋磚引玉，以供研究參考：

一、建議中央協助港深政府實行土地優惠政策，以吸引內地和

世界各地高技術產業投資落戶。目前，港深邊境禁區可以說基本上是一張白紙，這一大片未開發的土地，地價應相對便宜。

二、建議港深聯手，以「只爭朝夕」的精神，提高邊境「解禁」速度，並全力以赴加以實施，以免喪失這一推進兩地經濟發展的良機。

三、建議中央應進一步協調，讓港人、海外旅客及內地人士自由進出邊境「解禁區」，這將有助於提高吸引世界一流的高技術產業與內地大型國企合作的成功率。

四、建議中央將港深河套區設為「特特區」，以避免衝擊「一國兩制」。在「特特區」內，由香港和深圳原則上共管，各佔百分之五十的權益，但為了方便執法和增加司法的信任度，可由香港方面執法。

五、建議由兩地政府根據產業項目和實際情況進行協調，並注重國家政策導向和市場指導。特區政府可從土地政策優惠與 CEPA 零關稅等優惠相結合，鼓勵香港大財團在本港拓展高技術產業。不過，在輸入高技術產業所需的高級技術人才的同時，中等技術人才和技術工人應在本港就地培訓和聘用，以保護香港特區原擁有的邊境土地權益。

《香港商報》　2008-03-11

大灣區建設宜「前研後製」定位

2018 年 8 月 15 日，粵港澳大灣區建設領導小組在北京人民大會堂舉行首次會議，確定了中央支持在粵港澳大灣區建設一個「國際科技創新中心」，並會加強粵港澳三地在創新和科技方面合作。

面對第四次工業革命大潮，國家正以更大的決心和勇氣，堅定不移地深化結構性改革，以減低對外依賴，提高經濟發展質量，並進一步推進跨區域合作機制，擴大市場開放。特別是當今世界激烈競爭的新技術和產品，例如無人駕駛飛機及語音識別系統，務求在激烈競爭中脫穎而出。另外一些傳統行業，亦須積極投入研究開發，以新技術、新設計提升產品質素。

綜觀世界著名灣區，首先是科學技術、生產方式和商業模式創新的引領者，擁有世界一流的大學、研究機構和人才。日前，財政司司長陳茂波發表網誌表示，香港有多達 40 多位兩院院士，多間世界級名校，以此科研實力，加上廣東省內蓬勃的產業鏈和製造業基地，兩地可以用好這種「前研後製」的優勢，共同攜手推進大灣區的科創產業發展。因此，在第四次工業革命大潮中，香港擁有獨特的優勢，應積極參與國家發展大局，助力經濟轉型並獲得難以估量的紅利。

國家發改委在推進區域協調發展方面，提出要「創新推動粵港澳大灣區發展」。尤其提到，聯動推進國有企業混合所有制、完善產權保護制度、激發企業家精神三項改革。大灣區建設應充分發揮市場分配資源的作用，可考慮參照 PPP 模式，即公共私營合作制模式

實現政府與企業間的合作。顯而易見，粵港澳大灣區建設的目標是在創新驅動下，帶動粵港澳科技創新資源向產業鏈高端集聚；實現重大基礎設施互相聯通、生產要素流動加速、人才跨界創業，具體包括產業生態、專業服務、公共服務、商旅服務四方面。

在大灣區主要城市協同發展、資源有效連結的條件下，首要是完善大灣區三地產權制度，才能互利共贏。香港應以內地國企混改為契機，充分發揮國際金融中心優勢，引進外部資本參與國企改革後的混合所有制經濟，從而促進傳統產業優化升級，提升香港在經濟全球化的競爭力。

服務業一向是香港經濟強項，圍繞粵港澳大灣區建設，以投資帶動貿易、產業發展，特別是在金融與專業服務方面，香港可充分發揮所長。本港與大灣區中各城市的公共服務合作應進一步細化，尋找切入點，可考慮在大灣區選定合適的幾個地區，向當地人民政府租地或借地，按照香港模式，自行建設、管理公屋屋邨、港青公寓、養老院、中小學、公立醫院、商場等，在教育、醫療、養老等方面實現更深層次的合作。

大灣區建設蘊藏大商機

　　粵港澳大灣區城市群建設，將成為「一帶一路」中二十一世紀海上絲綢之路的「新支點」，蘊藏着龐大商機。香港是個國際化大都市，實施「一國兩制」，應充分發揮獨特優勢，加強與深圳、東莞及珠海等周邊城市深度合作，積極參與建設粵港澳大灣區，從而實現香港的第三次結構轉型，推動經濟發展，達至改善民生。

　　香港是世界上人流、物流、服務流、資金流和資訊流最融通的地區之一，這「五流」各領域的專家組正在共同研究如何推動「粵港澳大灣區」的融合發展。從基礎設施看，深圳、澳門與香港的口岸通關便利性不斷提升；廣深港高鐵、深圳灣大橋等基礎設施不斷推進；港珠澳大橋即將建成通車，大型基建工程將促進粵港澳大灣區形成「一小時生活圈」。顯著提高了城市群一體化水準，從而促進生產要素自由流動的開放市場，使資源配置更有效率，產業分工鏈條得以延伸。

　　香港是國際航運、貿易和金融中心之一，有着優良的地理位置、完善的港口建設和多條國際航線。業界人士認為，建設大灣區，須從交通開始，交通便利，二區城市就連成一體而成大灣區。交通包括實體的物流交通，也包括通訊的交通。

　　作為國際金融中心，香港有着與國際接軌的金融制度和法律制度。很多外國企業在香港有分公司，與倫敦和紐約一樣擁有諸多成為金融科技中心的重要先決條件，如完善的法制、發達的資訊、充裕的專才以及多管道的資金來源，有利粵港澳大灣區內的金融機構

的推廣。香港更獨特的是資金進出內地的交匯點，而粵港澳大灣區周邊城市正是目前擁有最多金融科技用戶的地區之一。

香港有必要全面抓緊「一帶一路」的戰略機遇，明確定位，使香港的人才、資金、金融服務等優勢在更廣闊的平台上發揮更重要的作用。香港是「一帶一路」區域內最大的國際融資中心，香港依託絲路基金、亞投行、金磚銀行等區域內的主導性的金融多邊機制，與粵港澳大灣區周邊城市合作，可共建以香港為基地的全球融資體系。

世界著名灣區首先是科學技術、生產方式和商業模式創新的引領者，它們擁有世界一流大學、研究機構和人才。目前，北京大學、清華大學都在深圳設有研究院；港大、科大等多家香港的大學也在深圳設有實驗室，直接與內地的科技創新企業合作。如香港科大工學院正在深圳與騰訊一起，配合市場的需要，合作 10 個計劃；同時，也和深圳華大基因合作，進行人類基因分析等科研項目合作。

粵港澳大灣區的規劃方向，以發展科技創新產業為主，注重傳統產業的轉移，尋求新的經濟增長點。港深共同開發落馬洲河套科技園，亦為建立「中國硅谷」創造了機會。

《信報》 2017-04-10

在邊界區發展新型工業

2010 年 9 月 7 日，香港長實集團主席李嘉誠在深圳與國家主席胡錦濤會面時，向胡錦濤主席提議：在香港與深圳之間設立一個特別工業區，區內實施零關稅，以吸引投資並促進本地就業。李嘉誠先生希望本港工商各界和政黨以新的構思，就有關建設港深邊界「特別工業區」的建議提出具體可行的方案。

如若能在港深邊界設立一個「特別工業區」，建設高新技術產業群，這雖是較難走的一條道路，但卻是能使香港經濟持續發展的可行之路。港深邊界開發的最大特點及優勢，就是臨近內地邊界的地理位置，有利於發展與跨境交流相關的行業。因此，在港深邊界設立一個「特別工業區」，既可推動香港的第三次經濟轉型，又有利於促進與內地的經濟融合，使之邁上新台階。

根據特區政府公佈的資料，位於港深邊界地區的面積達 2800 公頃，但可供發展的主要是三塊地：即因整治深圳河出現的落馬洲河套區、深圳河東部走廊落腳點的香園圍，以及羅湖以東的缸瓦甫。其中落馬洲河套區佔地約 99 公頃，最大優勢是鄰近落馬洲管制站、落馬洲鐵路支線和深圳商業中心。由於河套區的地理位置特殊，故該區可採用香港的法律，而兩地人士或海外旅客進出該區會較方便，這必有利於吸引外資建設高新技術產業群。

近年來，毗鄰香港的深圳特區和內地不少地區，在高新技術產業方面大有發展。香港可以運用自己在資本和市場推廣方面的優勢，結合內地在高科技領域的人才儲備與研發實力，共同開發最新

科技，並將其快速產業化。

　　由於河套區處於港深邊界的特殊位置，可充分發揮「一國兩制」的優勢。若在中央的進一步協調和支持下，在港深邊界建設高新技術產業，讓港人、海外旅客及內地人士自由進出，有助於提高世界一流的高新技術產業跨國公司與內地企業合作的成功率。

　　在解禁後的港深邊界區建設高新技術產業群，還可充分發揮港深邊界的地理優勢：在區內提供香港的法律和會計服務，實行免稅；又可在區內根據雙方協商後，按比例聘請內地和香港的管理、高技術人才和勞工。這些獨特優勢，無疑對外商具有很大的吸引力。

　　從香港的經濟發展史來看，製造業對香港的勞工就業和改善他們的生活有着莫大的關係，在中小型製造業的員工曾佔香港勞動人口九成之多。因此，發展和重振香港新型工業實在是勢在必行。若能盡快在兩地邊界地區建設「工業特區」，必將帶動起相關行業的發展，亦可大量容納兩地大專院校培養的畢業生，有效地從根本上解決兩地的結構性失業問題。

《大公報》　2010-09-27

加強與內地經濟融合

　　香港目前發展的最大問題，是產業政策缺乏長遠目標和部署，推出的各項政策多是着重眼前利益，短期行為，治標不治本，因而削弱了本港的綜合增長競爭力。對此，特區政府應重視產業發展的中長期規劃，組織香港各界人士深入研究和進行周密策劃，再按此規劃制訂相應的產業政策和項目合作實施規劃。特別是特區政府規劃已久的十大基建項目，在現時顯得更為重要和更為迫切。

　　多年來香港特區政府積極安排大型基建，並藉此刺激經濟及鞏固發展。不過，僅靠這些「基建工程」專案顯然是滿足不了發展多元經濟的需要，故經濟機遇委員會於今年四月推出了六大優勢產業，包括教育、醫療、檢測、環保、創新科技及文化創意等，以此為香港經濟發展的新動力。不過，如此重大的任務，沒有制定詳盡的中長期的規劃，恐怕是難以順利完成的。

　　香港發展的新機遇來自內地經濟崛起所帶來的巨大推動力，來自中央政府對香港的大力支持。筆者認為，香港與內地的融合，絕不能僅僅停留在與珠三角的合作，還應從中國內地區域發展和大中華經濟圈的角度來探索機遇。如長三角、海西經濟區等，都應是香港與中國內地融合發展的區域。香港須把握有利條件，進一步推進與內地的金融等方面的合作，以達到擴大兩地市場的整體規模，增加兩地市場的效率。

　　港人在慶祝 2009 年回歸日時，還有別樣的一種心情。據悉，今年第四季度，特區政府將會提出政制發展方案諮詢公眾。香港特區

的政制發展將會遵照基本法有關循序漸進的規定，以及全國人大常委會確立的二〇一七可以普選特首、二〇二〇可以普選立法會的「時間表」，逐步向前推進。反對派議員再如上次般「捆綁反對」，那只能證明，阻撓特區邁向「雙普選」的不是別人，正是他們自己。

　　誠然，香港實行普選是政治體制的一項重大改革，而改革是需要冒一定風險的，其中最大的風險大概是不同階層的政治參與將會失衡。香港是一個多元化社會，均衡參與一直是香港繁榮穩定的政治基礎，一旦均衡參與局面被打破，某些階層的利益受到根本性損害，必然嚴重影響到香港的政治和諧與社會穩定，甚至出現動盪。這是每一個市民都需要認真加以考量的。

《文匯報》　2009-07-09

第五章

香港所長　國家所需

導　言

　　回顧過去數十年的發展歷程，不論是四十年前乘借內地改革開放政策東風的高速發展，還是回歸以來受國家政策支持下的顯著變化，事實充分說明，若不是順應了國家發展大勢、提供了國家發展所需的必要條件與作用，香港不可能有今日之成就。在國家構建全面開放新格局的今天，香港仍將繼續發揮難以替代的重要作用。

　　國家主席習近平在接見港澳代表團時說：40 年改革開放，港澳同胞是見證者也是參與者，是受益者也是貢獻者。港澳同胞同內地人民一樣，都是國家改革開放偉大奇跡的創造者。他同時指出，在未來中國的發展中，港澳依然可以有的新優勢、新作用、新發展、新貢獻。他也特別為港澳的作用提出四點建議：第一，更加積極主動協助國家全面開放。第二，更加積極主動融入國家發展大局。第三，更加積極主動參與國家治理實踐。第四，更加積極主動促進國際人文交流，幫助國家講好中國故事。

　　中央政府明確提出支持香港融入國家發展大局，支持香港在「十三五」規劃、「一帶一路」建設、粵港澳大灣區建設、人民幣國際化等重大戰略中發揮「國家所需，香港所長」的獨特優勢和作用。「國家所需、香港所長」，被稱為中央對港的新八字方針，清楚指出香港可以發揮的方向，可以創造雙贏的成果。香港如何在國家發展新時代，發揮自身所長，貢獻國家所需，這是香港未來發展的關鍵。香港應乘勢而上，在融入國家發展大局中實現自身更好發展，共同譜寫中華民族偉大復興的時代篇章。

融入國家發展大局創明天

　　2018 年是香港回歸祖國的第 21 個年頭。回顧香港的昨天，展望香港的明天，港人不約而同地關心一個問題：中國經濟已經騰飛，未來香港如何延續過去的輝煌？

　　一年前，在香港回歸祖國 20 周年的重要日子，習主席視察香港，關注香港各項事業的發展，深切表達了中央對香港的關懷，令很多香港市民至今難以忘懷。猶記得，在香港面臨全球金融危機、SARS 衝擊而陷入困境時，中央第一時間出手，助港渡過難關；隨之先後推出 CEPA、滬港通、深港通、「一帶一路」和大灣區建設。實踐充分證明，「一國兩制」完全正確、具有強大的生命力，擁有「一國兩制」優勢的香港，必將擁有更加燦爛的明天。

　　2018 年 5 月 20 日至 22 日，中共中央政治局常委、國務院副總理韓正到廣東調研自貿試驗區建設和深化粵港澳合作等工作。他強調，粵港澳大灣區建設是習主席親自謀劃、親自部署、親自推動的國家戰略。習主席明確提出，香港「要吸引國際創新資源集聚，打造國際科技創新中心」。各大媒體醒目報道：2018 年粵港澳大灣區再被中央點名關注，正式進入建設年！

　　2017 年 6 月，24 名在港中國科學院院士、中國工程院院士給國家主席習近平寫信，表達了報效祖國的迫切願望和發展創新科技的巨大熱情。習主席對此高度重視，作出重要指示並迅速部署相關工作。習主席強調，促進香港同內地加強科技合作，支持香港成為國際創新科技中心，發揮內地和香港各自的科技優勢，為香港和內地

經濟發展、民生改善作出貢獻，是在香港實行「一國兩制」的應有之義，共同為實現中華民族偉大復興貢獻力量。

根據習主席重要指示精神，國家有關部門迅速做好貫徹落實工作，有序推進內地與香港科技合作。目前，在港兩院院士來信反映的國家科研項目經費過境香港使用、科研儀器設備入境關稅優惠等問題已基本解決。據悉，國家有關部門還將系統落實習近平主席重要指示精神，支持愛國愛港科研人員深入參與國家科技計劃，有序擴大和深化內地與香港科技合作。

海南島自貿區全島建設等同於香港模式，就是在商品、金融、技術、資訊等領域實施境內關外式的全面開放。這無異於再次對香港投下信任的一票，釋放龐大的新商機。

香港是亞太區最重要的國際金融、貿易、航運、資訊服務樞紐之一，現代服務業水準堪稱世界一流。根據基本法規定，香港回歸後，普通法與基本法在香港特區共生。香港同時實行國際通用的普通法，可支援建立國際經濟貿易仲裁機構，以及國際爭端調解機構等多元糾紛解決機構。事實在在說明，在國家發展大局中，一直為香港優先留位。

香港在國家海洋經濟中作用重要

　　21 世紀是海洋的世紀，發展海洋經濟尤為重要。作為巨大而富饒的資源寶庫和各國利益拓展的新空間，開發利用海洋成為國際競爭的主要目標之一。海洋經濟發展戰略是我國未來諸多發展戰略中的核心戰略之一，確立和實施好海洋經濟發展戰略，對於轉變經濟發展方式，開拓新的經濟發展領域，提升城市綜合經濟實力，具有重要的戰略意義。

　　由於海洋開發規模不斷擴大，越來越多的國家開始進行海洋空間規劃，旨在通過整體規劃協調和規範沿海地區、海洋港口區及相關海域的海陸利益相關者，促進和實現海陸資源的可持續利用，「海洋經濟」開始成為競爭的重點領域。香港是個海洋城市，素有「東方之珠」的美譽，還擁有一個世界聞名且極為繁忙的海港，國際化程度高，可與內地相關省份或地區共同發展海洋經濟。

　　香港作為一個海洋城市，依賴沿岸海域作為航運、水上康樂活動、海產養殖等用途，香港沿岸海洋水域也是各類海洋生物的棲息地，尤其需要大力發展海洋新興產業。值得關注的是，香港與深圳之間有一個包括深圳灣、大鵬灣和大亞灣等在內的組合港灣，是全世界最具成長性和最值得關注的組合灣區之一，如果能更好地整合及合理利用兩地的海岸線、島嶼、灘塗、海灣、港口、海洋生物和旅遊等海洋資源，就可充分發揮此港灣區整體的和綜合性的資源優勢。

　　香港在海洋生物、海洋環保等方面具有較強的優勢，科研機構

也非常專業，兩地的大專院校應加強海洋科研合作。同時，須大力發展海洋工程裝備、海水淡化與綜合利用等戰略性新興產業向支柱產業發展，促進海域資源利用效益最大化。

　　海洋建設是一項龐大的系統工程，涉及到眾多職能部門，筆者建議中央成立「海洋經濟建設」領導小組，統一協調開發和利用國家海洋，維護良好的海洋開發秩序。香港與內地的海洋合作還應建立長效化、機制化專門機構，加強香港與內地口岸開放的合作，在基礎設施、岸線資源開發、開放平台建設等方面開展深層次合作，共同建設國際強港。香港回歸祖國後，相鄰的海域現狀，頻繁的經濟交往，必定需要在海洋環境保護方面與內地密切合作，共同保護藍色國土、保持海洋資源的可持續發展。近年來，由於海洋開發規模不斷擴大，越來越多的國家開始進行海洋空間規劃，「海洋經濟」開始成為競爭的重點領域，圍繞着海洋資源、海洋權益等出現了一些問題。香港是個海洋城市，國際化程度高，具有國際通道的作用，可在香港舉辦類似「南海論壇」等相關論壇，以解決一些國際爭端問題。

內地資本市場走向世界第一門戶

　　香港回歸祖國以來，在中央的鼎力支持和自身的不懈努力下，香港的資本市場實現長足發展，國際金融中心地位日益鞏固。香港資本市場已經形成了較為規範的體系，是連接優秀內地企業與國際投資者的交易平台，亦是內地資本市場走向世界的第一門戶，應在國家由資本大國向資本強國轉變過程中發揮獨特作用。

建立多層次資本市場體系

　　我國資本市場經過改革、發展、開放，已在規模上躋身世界前列，各項基礎性制度基本完備，多層次資本市場的體系也基本成形，具備了在更高層面謀求發展的基礎。

　　隨着全球資本市場寬鬆的流動性環境面臨拐點，國際資本市場格局有望迎來新的變化。我國經濟結構面臨調整升級的轉型需求，資本市場對外開放步伐加快，對資本市場的發展也提出了新的要求。近年來，香港的資本市場亦不斷發揮自身在資金流動、法律監管、產品創新、人才吸引等方面的優勢，勇於創新，不斷開拓新的發展空間，為香港建設國際金融中心打下了堅實的基礎。

降低投資門檻推負面清單

　　我國大幅度放寬市場准入，降低民間投資門檻，制定負面清

單。改革開放以來，民間投資得到了快速增長，民營經濟在國民經濟中發揮了重要作用。

　　民營企業現在已經成為整個國民經濟中一個非常重要的組成部分。為進一步促進民間投資，國家相關部門抓緊建設政府資訊平台，特別是誠信體系，保護民營企業的合法權益。從而使市場更加透明，民營企業自主決策權更大。同時，要保護知識產權，培育企業家，建立促進激發民間投資活力的檔案，進一步引導民間投資投向產業鏈長的、增長前景好的領域。

推行 PPP 模式確保合作共贏

　　中國固定資產投資總體上保持一個合理的區間，但有待改進完善，比如政府投資的有效性和精準性不高。民間投資的門檻還有障礙，包括 PPP 推行的模式當中，應進一步使它更加便利。PPP 模式即 Public-Private-Partnership 的字母縮寫，通常譯為「公共私營合作制」，是指政府與私人組織之間，為了合作建設城市基礎設施項目，或是為了提供某種公共物品和服務，以特許權協定為基礎，彼此之間形成一種夥伴式的合作關係，並通過簽署合同來明確雙方的權利和義務，以確保合作的順利完成，最終使合作各方達到比預期單獨行動更為有利的結果。

　　香港資本市場身處國際資本格局和內地經濟結構的雙重調整之中，外部衝擊因素對香港的影響力和重要性逐漸上升。目前，香港面臨高昂的人力和土地要素成本、本土產業結構固化和「空心化」、人口老齡化逐漸侵蝕國際競爭力水平。另一方面，香港自身新興產業發展能力不足，無論是經濟結構還是資本市場都亟需探索

轉型之路。不過，香港的國際金融中心地位依然強大，教育科學實力在不斷增強，在世界城市的地位日見突出。業界人士認為，香港資本市場應把握國家優化經濟結構的歷史機遇，成為新技術、新產業、新業態和新模式的資本交易平台。香港各大學在培養高素質人才、吸引國際化人才方面有獨特優勢，應以香港優秀大學為基礎、以國際金融中心為依託，發展創新為主導的新興產業。

《文匯報》　2017-11-01

香港科學家是科技強國重要力量

　　2018 年 5 月 14 日，國家主席習近平對在港兩院院士來信作出重要指示，強調促進內地與香港加強科技合作，支持香港成為國際創新科技中心。習主席指出，香港擁有眾多愛國愛港的高素質科技人才，這是我國實施創新驅動發展戰略、建設創新型國家的一支重要力量。同時，國家有關部委迅速部署，從政策創新上，直接給予本港科研機構豐厚的資金與項目資助。據報道，首批獲中央經費資助的香港科研機構共 22 間，涉款達 2,200 萬元，即平均每個機構獲 100 萬元。

　　香港社會各界對習主席就支持香港創科發展的重要指示深受鼓舞。他們認為，習主席對香港科技界高度重視並寄予厚望，有助香港發揮「一國兩制」優勢，融入國家發展大局中。新措施實施後，在港學者、科學家將有機會承擔重大國家項目，擔任項目負責人，直接參與我國建設科技強國，不僅能改善香港的科研生態環境，還能吸引優秀國際人才來港，同時吸納在外地的港人學生回流。

通過全球招聘服務香港高校

　　眾所周知，香港是一個國際化大都市，不少專業人才主要通過全球招聘。資料顯示，香港科研人員入選國家科技計劃專家庫的人數已達 192 人。香港現有 22 位中國科學院院士，7 位中國工程院院士。國家最高領導人親自關心、過問在港學者、科學家的科研工

作和資金，使他們有機會參與我國重大科技項目，有助提高香港創科國際水平，因此他們倍感自豪。支持愛國愛港人士是中央一貫政策，與今次要求並無矛盾，事實上，過去 10 年，香港各高校的非華裔人士都有參與兩地合作。

應該看到，香港的大學研究、人才教育培養排在亞洲前列。香港共有 15 所可頒授學位的高等教育院校，其中 5 所大學排名在全球 100 強之內。在國家部署科技強國戰略中，香港亦可扮演重要角色。香港擁有世界一流的科技基建平台，擁有數碼港、科學園，包括規劃中的落馬洲河套地區「港深創新及科技園」等創新平台。香港業界在珠三角及東南亞擁有世界級的工廠，以及全球採購及銷售網絡，擁有完善的資訊科技建設及強大的服務業，並具有鄰近龐大內地市場的地理優勢，有利香港在科技研發、知識產權和相關的專業投入。

據報道，在香港科學園設有研發中心的廣州企業，已與香港理工大學醫療科技及資訊學系、香港大學專業進修學院開展學術合作及學生交流項目。科學園內公司 Sanomics 也正與廣州企業商討合作，研發無創性血液檢測及監察肺癌的循環腫瘤細胞。這一技術的成熟將在未來的腫瘤早期篩查、腫瘤個性化治療及隨訪監測中起到重要作用。顯而易見，香港擁有世界一流的科技基建平台，以及在基礎和應用研究發展方面的卓越實力，完全具備成為國際科創中心的條件。

值得一提的是，香港的科研人才儲備非常豐富，尚擁有 43 位原中國科學院和中國工程院的院士，香港工程科學院和香港科學園擁有近 100 位的院士。他們大都掌握了國際頂級技術，服務於香港各高等院校，科研成就斐然。從 2013 年至 2017 年五年期間，香港共

獲得了 41 個國家科技獎，均為自然科學或科技進步二等獎以上，其中 13 個獎項為香港科學家主持完成，28 個獎項為香港科學家參與完成（與內地高校、科研機構合作）。

　　香港科研人才的能力亦獲得國家認同。由香港理工大學與中國空間技術研究院合力研發的「相機指向機構系統」，安裝於我國「嫦娥三號」的着陸器頂部，協助拍攝月貌全景影像，監視「玉兔」號月球車的月面運動。香港浸會大學教授邱建文參與了南海試驗性應用航次考察任務，乘着載人潛水器「蛟龍」號下潛南海執行科學計劃，成為香港科學家的驕傲！這些例子在在說明，香港在基礎和應用研究發展方面具有卓越實力，可為國家建設科技強國發揮重要作用！

《文匯報》 2018-05-25

國家建小康社會與香港的角色

2017 年 7 月 26 日，國家主席習近平在北京專題研討班上，發表了重要講話，提出中國發展的階段性特徵，號召「決勝全面建成小康社會」。香港深入實踐「一國兩制」，應為國家決勝全面建成小康社會出力。

香港的金融市場業務齊全，幾乎外國通行的金融業務，在香港都有。資金市場、證券市場、外匯市場、黃金市場、期貨市場等種類繁多，交易活躍，比較發達。尤其是香港採取跨領域金融協調機制，銀行業、證券業、保險業均採取政府監管及行業自律的兩級監管模式，明確規定各監管機構各自在從事跨界別業務實體方面的角色和職責。香港特區防範金融風險的經驗，對內地金融業有一定的借鑒意義，兩地金融界應加強交流合作。

早在 2016 年元月，習近平在主持召開中央財經領導小組第十二次會議時就指出，所謂「供給側結構性改革」就是從生產領域出發，減少無效和低端供給，擴大有效和中高端供給。這項改革的根本目的說到底，是提高社會生產力水平。事實上，在醫療、教育、金融、交通、通訊等多領域的新供給和新需求，也為眾多陷入困境的大中小企業創造了龐大商機。

香港毗鄰內地，擁有法治、簡單稅制、有效的政府運作和區位優勢這四大有利因素，又有內地提供資源和政策的優勢，可以使香港維持優質的管治營商政策，保持高經濟自由度，吸引不同的公司、集團來港投資，增強香港產品的競爭力。香港應把握國家

「十三五」規劃、「一帶一路」倡議和粵港澳大灣區規劃等重大發展機遇，積極配合深化供給側結構性改革，在國家平台上再創香港的品牌。

只有解決「精準脫貧」問題，才能推動經濟社會持續健康發展，使全面建成小康社會得到民眾認可、經得起歷史檢驗。國家提出的精準扶貧，圍繞「人才支援、資金支持、產業合作、勞務協作和攜手奔小康」等五項重點內容，工作重心向深度貧困地區傾斜。回歸祖國後，香港特區政府和社會服務機構，一直致力於兩地的扶貧，兩地扶貧協作工作取得一定成效。如香港特區政府一直關注四川省汶川地震的災後重建工作，並與中國殘聯建立了長期專項合作，以及全力支援傷殘者的復康工作。為兩地殘疾人士締造更理想的生活環境，促進傷健共融發展。

香港的公益團體亦長期致力於內地的扶貧工作，捐款修路、辦學建醫院、免費手術、關懷兒童、扶助老人等。香港有諸多的旅港同鄉總會，他們秉承「愛國、愛港、愛鄉」的光榮傳統，牢記「互相聯絡、增進鄉情、互助互濟、共謀福利」的宗旨，熱心公益事業。可以相信，中華兒女共同奮鬥，祖國必將早日「決勝全面建成小康社會」！

《文匯報》 2017-08-04

香港在國家金融監管發揮作用

2017 年 7 月 14 日至 15 日，全國金融工作會議在北京召開。國家主席習近平出席會議並發表講話。習近平強調，金融是國家重要的核心競爭力，金融安全是國家安全的重要組成部分，金融制度是經濟社會發展中重要的基礎性制度。

習近平在講話中，首先講明了做好金融工作要把握好的四條重要原則。其中第一條就是要求金融以為實體經濟服務作為出發點和落腳點，更好滿足民眾和實體經濟多樣化的金融需求。

此次金融工作會議強調防範和化解金融風險，有利於進一步完善、深化前期金融風險綜合治理的各項舉措。全球經濟增長趨緩、中國經濟步入新常態，是本次會議召開的大背景，會議將對中國金融業改革、發展和穩定產生深遠影響。

金融是現代經濟的核心，走活金融這步棋至關重要。在金融宏觀審慎管理方面，要加強統籌協調，改革並完善適應現代金融市場發展的金融監管框架，健全符合我國國情和國際標準的監管規則，加強對系統重要性金融機構等的監管，實現金融風險監管全覆蓋。

習近平強調金融要為實體經濟服務，提出金融是實體經濟的血脈，為實體經濟服務是金融的天職，是金融的宗旨。這將極大影響包括銀行理財等在內的金融產品以及金融業未來發展方向，例如在融資機構上，提出要改善間接融資結構，推動國有大銀行戰略轉型，發展中小銀行和民營金融機構，為中小企業融資服務的中小銀行應得到更大發展空間。

　　香港的金融生態良好，金融體系的內在韌性強，交易成本和違約風險較低，有利於金融資源的凝聚。兩地金融業可加強交流、合作，在支持經濟社會發展中做強做大，增強可持續發展能力，形成經濟金融雙贏局面。

　　香港地區實行混業經營、分業監管，其跨領域金融協調機制值得借鑒。香港的銀行業、證券業、保險業均採取政府監管及行業自律的兩級監管模式，跨業監管協調機制，在各監管主體的監管條例和《諒解備忘錄》中已做詳細說明。

　　諒解備忘錄載明各監管機構，各自在從事跨界別業務實體方面的角色和職責。如認可機構本身亦從事證券及保險業務，就以金管局為認可機構的證券業務前線監管機構，證監會則負責制訂準則、發牌、調查及執行法規。

　　2017 年 5 月 16 日，中國保監會與香港保險監理處簽署了《中國保險監督管理委員會和香港特別行政區政府保險業監督關於開展償付能力監管制度等效評估工作的框架協議》，是中國保監會深化金融領域合作，建立服務「一帶一路」，建設長期、穩定、可持續風險可控的金融保障體系的重要舉措。香港也正在積極實施以風險為基礎的償付能力制度改革，兩地的保險監管正相向而行。

河套區宜建高科技開發中心

特區政府發出《香港二〇三〇：規劃遠景與策略》研究第三階段諮詢文件，建議在河套區發展「中外商貿博覽園」或特殊經濟發展區。

筆者認為，將河套區建成高科技產業開發中心，可能是最佳的選擇。在世界經濟一體化的大趨勢下，高新科技競爭已成為國際競爭的焦點，而高科技製造業須擁有廣闊的產品市場和集資渠道。眾所周知，中國內地的科研人才儲備豐富，人力資源龐大，又是一個資源大國，有着雄厚的製造業基礎，在造船、航空、鋼鐵、石化和煤炭等領域的發展歷史悠久。但與發達國家相比，目前「中國製造」的能力和技術水平尚不高，市場競爭實力不強。即使是改革開放最早的珠江三角洲地區，亦面臨着國際產業轉移的機遇和挑戰，須盡快實現產業的再一次優化升級。不久前召開的中共十六屆三中全會，作出了一系列完善社會主義市場經濟的重大舉措，並確定區域經濟協調發展的「第三步棋」，即重振東北工業，這將大大拓寬外資進入內地製造業的領域，其中蘊藏着巨大的新商機。

落馬洲河套區佔地約九十九公頃，其最大優勢是鄰近落馬洲管制站、落馬洲鐵路支線及深圳商業中心。由於處於邊界的特殊位置，若在河套區建高科技產業開發中心，可充分顯現「兩制」的優勢，在中央的進一步協調之下，讓港人、海外旅客及內地人士自由進出，有利匯聚世界各地與內地的高科技開發人才。河套區所具有的這些獨特優勢，無疑可消除外商的顧慮，有助於吸引大型跨國公

司，提高與內地擁有自主知識產權企業合作的成功率，可望成為世界一流高科技製造業廠商的開發平台或生產基地。

要使香港經濟較快地發展，應將重點放在盡快完善和提升本地產業結構，加大科技含量，不斷創新，提高各行業的生產力和競爭力，從而才能擴闊就業基礎。倘若能盡快在兩地邊界地區建高科技產業開發中心，將有助帶動起香港相關行業的發展，大量容納大專院校培養的畢業生。在輸入高科技製造業所需高級技術人才的同時，亦可就地培訓和聘用中等技術人才和技術工人，有效地從根本上解決失業問題。

若在河套區建高科技產業開發中心，將可充分發揮香港與內地優勢互補合作的巨大潛力，提高香港經濟的整體競爭力。因此，特區政府應以此為契機，重新修改和制訂高科技產業的政策，從引進高級技術人才、廠房租金等方面予以在港落戶的高科技製造企業各種優惠，從而加速香港的經濟轉型，由兩地政府根據產業項目和實際情況進行協調，並注重國家政策導向和市場指導。

《大公報》 2003-12-05

香港可助力國家參與全球治理

在「一國兩制」下，中國可以成為連接發展中國家和發達國家的橋樑，並為此發揮更大作用。香港是中國不可分離的一部分，又是國際化大都市，可助力國家積極參與全球治理。

加拿大菲沙研究所（Fraser Institute）發表《世界經濟自由度：2016 年度報告》，比較了 2014 年 159 個國家或地區的資料，再度評選中國香港地區為全球最自由的經濟體，顯示國際社會對香港經濟自由度的肯定。報告的五個主要評估範疇中，中國香港在「政府規模」和「監管」方面仍然維持全球首位。業界人士認為，香港可助力內地進一步提高開放型經濟水平。

當前，全球經濟結構深刻調整，圍繞制度、規則、市場、技術、資源的競爭日趨激烈，中國發展面臨的內外環境正在發生複雜變化，提升開放型經濟水平的重要性、緊迫性日益突出。在中央全面深化改革領導小組第十六次會議上，習近平主席強調，堅持以擴大開放促進深化改革，堅定不移提高開放型經濟水平。會議審議通過了《關於實行市場准入負面清單制度的意見》《關於支持沿邊重點地區開發開放若干政策措施的意見》《關於推進價格機制改革的若干意見》《關於鼓勵和規範國有企業投資項目引入非國有資本的指導意見》等文件。

2016 年全球創新指數報告顯示，中國首次躋身世界最具創新能力的經濟體前 25 強，成為第一個位列全球創新經濟體的中等收入國家。2016 年 5 月，中央首次對國家戰略進行頂層設計，目標在 2050

年成為世界科技強國。在香港閉幕的「中國創新科技博覽 2016」，展出了國家近年在高新科技方面所取得的 50 項驕人成就，其中包括了量子衛星通信、北斗導航系統、商用大飛機、深海探測技術、「天河二號」超級電腦和高鐵等項目。

2011 年至 2015 年間，香港與內地持續深化科技合作。472 位香港科研人員參與了 143 項國家科技計劃課題研究，並設置港澳台科技合作專項，與香港在生物醫藥、電子信息等領域展開合作。國家科學技術部副部長李萌強調，未來國家將會提升香港在國家創新體系中的地位和作用，促進內地和香港科技合作制度化，如組織實施高水平科技創新合作項目、推動內地眾創空間與香港地區相關機構合作，支持香港青年科學家到內地開展合作研究等。

在改革開放歷程中，外資包括港資和台資，是推動中國經濟高速發展的重要力量。利用外資要與調整經濟結構、轉變經濟發展方式、促進內地市場競爭相結合，更加注重引進先進技術、管理經驗。據統計，在一系列強有力的制度創新和改革部署之下，外來投資對中國的投資信心正逐步增強。

《香港商報》 2016-10-05

引導資金流向創新型企業

2015 年「兩會」政府工作報告指出，2015 年要實施股票發行注冊制改革，適時啟動「深港通」試點。

預期隨着「滬港通」成熟運行，「深港通」啟動也會水到渠成。因為開通「深港通」對內地資本市場，對人民幣的國際化起着重要作用。香港與深圳市場，由於距離上的關係，應早就在觀念上相通。

香港金融界人士預測，我國資本市場要均衡發展，特別基於對我國資本市場定價體系的理性重構重大意義，「深港通」必定會推出。香港作為開放城市，面對內地市場發展日趨活躍和開放，公司上市選擇增多，應以開放心態去看待，新的互聯互通模式則會給本港帶來更多的發展機會。

香港的企業在資產管理、金融產品交易、上市諮詢、法律顧問、併購交易、企業重組及資產評估等方面，具備更多國際化視野，而這些都是內地企業可借助的資源。據報道，某些深諳國際資本市場運作規律的香港企業，已迫不及待地深入內地，促進港股企業與內地資本的互聯互通，幫助內地企業「走出去」，讓國際資本走進內地市場。

深圳作為毗鄰香港的經濟特區，二者未來 20 年將在金融、法律，以及產業等方面深度整合，差距也將進一步拉近。「深港通」的核心不在於「通」，而在於「融」。「深港通」可以配合「滬港通」完全打通 A 股和 H 股通道後，將有利於引入海外機構投資者，逐漸改變以散戶為主導的市場結構，培養長期投資的理念。從長遠來

看，對中國資本市場的效率、流動性、投資理念和融入國際資本市場體系，影響深遠，對我國資本市場定價體系的理性重構意義很大。

由於國際投資者可能更看中深交所的中盤股投資機遇，預期中的「深港通」將進一步打開投資我國內地的管道。為鼓勵更大規模的資金流動，「深港通」配額預計將高於「滬港通」。總體來看，「深港通」方案與「滬港通」基本框架和模式保持不變；在「滬港通」基礎上拓展標的範圍，突出深港市場多層次、多品種特色；根據市場需求進行方案設計，優化市場服務，穩妥有序實施。

相比「滬港通」，「創新」將是「深港通」的最大特色。比如，深圳前海本來就是金融創新試驗區，與香港市場互聯互通極為緊密，「深港通」之後更會引導更多的資金流向創新型企業。

雖然「滬港通」和將來的「深港通」，有加速香港與內地資本流動、推進人民幣國際化等積極作用。港深雙方同意在「更深、更廣、更創新」的層面強化合作，將推出的「深港通」，投資範圍或將由中大市值股份擴至小市值，並且擴大投資類型至交易所買賣基金、債券以至衍生產品，這也是深港兩地投資者希望見到的。

《香港商報》 2015-06-25

香港在中國—東盟自貿區的優勢

2015 年 11 月 22 日，東盟十國領導人在馬來西亞吉隆坡舉行的第 27 屆東盟峰會期間，共同簽署了《2015 年建成東盟共同體吉隆坡宣言》和《東盟邁向 2025 年吉隆坡宣言：團結奮進》，宣佈東盟共同體於今年 12 月 31 日正式成立，同時設立 2025 年東盟的發展路線圖。香港加入中國—東盟自貿區談判已於 2014 年 7 月開始，得到了中央政府的支持和東盟的回應，並在中國—東盟自貿區升級版談判的背景下啟動。

香港加入中國—東盟自貿區，將進一步促進香港和東盟間相互貿易與投資的發展，共同推動中國內地、香港和東盟之間的經貿投資一體化發展，為香港企業帶來更多機遇和商機。

作為區域內一個國際化程度很高的經濟體，香港與東盟國家很早就建立了密切經貿聯繫。目前，東盟是香港第二大交易夥伴和第五大對外投資目的地。進入 21 世紀，東亞區域經濟合作呈加速態勢。在中國—東盟自由貿易區（CAFTA）建設迅速推進的同時，《內地與香港更緊密經貿關係安排》（CEPA）也在以更快的速度實施。

值得關注的是，由於中小企業佔東盟企業總數的 96% 以上，東盟成員國合力發展中小企業的政策方向，將在創造就業、增加民眾收入和實現經濟可持續增長等方面發揮積極作用。此外，通過基礎設施建設、跨境便利化等手段提高互聯互通水準，也有利於東盟各方進一步節約交易成本和時間。

在香港的經濟成就中，中小企業舉足輕重，功不可沒。據特區

政府新聞網公佈，本港注冊公司數目已超過 90 萬間。截至今年 6 月底，本地公司共有 912,242 間，較去年底增加 48,480 間。顯而易見，在香港成立的中小企公司有明顯上升的趨勢，而它們在港亦扮演着舉足輕重的角色。香港正進行加入中國—東盟自貿區的談判，這意味着東盟經濟共同體即將宣告建成。為全面建成經濟共同體，東盟下一步將繼續推動服務貿易、投資和勞動力流動的自由化。香港中小企業的成功經驗，可助力東盟成員國實行共同發展中小企業的政策。

香港利用「一國兩制」的獨有優勢，配合人民幣國際化的政策，把握種種機遇，已發展成為全球最大的離岸人民幣業務中心。現時國際上 70% 的人民幣結算都經香港處理。香港人民幣即時支付系統的每天平均交易量近月更突破了 1 萬億元人民幣。香港市場亦提供成熟和多元化的人民幣業務，包括投資、融資、資產管理和債券。

目前跨境貿易人民幣結算依舊面臨「資金池」不足、避險產品缺乏、回流管道受限等三重瓶頸。因此，通過香港將東盟國家作為人民幣走出去的試驗田，有着不可替代的意義。

《香港商報》 2015-12-04

兩地合作促產業重組創新

　　2008 年 9 月爆發的百年一遇國際金融危機，導致了全球經濟特別是主要經濟體呈現負增長態勢，全球貿易遭到沉重打擊，但應該也導致全球經濟格局出現了一次大調整、大重組。在這場危機中，我國受衝擊最小，外匯充裕，財政穩健，銀行體系穩定，經濟快速反彈。總的來看，後危機時代除了要積極應對以外，更重要的是要把握這場危機帶來的機遇，使得在危機真正過去以後我們的綜合國力能夠上一個或者幾個大台階。

　　首先，國際金融危機給我國加快經濟結構調整帶來了難得的機遇。由於外需大幅萎縮，為保持經濟增長，必須擴大內需才能彌補外需下降的影響，這就為調整內外需關係帶來了契機。在第三次產業重組創新的基礎上，將繼續加強農業基礎地位，推動工業由大變強的同時，着力提高服務業的比重。

　　香港一直以出口模式作為經濟主導。世界消費量的減少和美國的保護主義抬頭，迫使香港一定要進行經濟格局的轉型。正如行政長官在 2009 年 10 月發表的施政報告中提出：「我們會加強與國家相關部委的聯繫，建立適當的工作機制，使特區能在『一國兩制』的原則下，盡早配合國家擬訂『十二五』規劃的工作。」毋庸置疑，香港作為國際大都會，在國家調整和優化經濟結構、轉變經濟發展方式中將大有用武之地。

　　為了維持經濟復蘇的勢頭，以應付與日俱增的外來競爭，香港須加快經濟發展及升級轉型的步伐，特區政府在這方面尤應積極

推動。

內地及東亞大多數地區將是全球復蘇中的先行者，香港必會面臨更大挑戰。特別是世界各地都將爭奪華人後危機時代的新興產業戰略制高點，這對香港的未來發展是個重大考驗。但是，有中央的強有力的支持，香港工商各界確應重視和保持「一國兩制」優勢互補的作用，加強與內地合作，不失時機地進行產業重組創新，才能把握後危機時代的機遇。

一、建議中央有關部門與香港特區政府共同協商加強香港與內地合作，促進兩地產業重組創新，以期有效地整合工商和社會各界的資源，進一步加強「產學研」融合。

二、建議中央挑選適合在香港發展的高技術產業的龍頭企業專案入駐香港，以充分發揮香港的綜合優勢，加強兩地科技創新整合，促進以行業龍頭企業為核心的產業對接，並形成相關的上下游產業鏈。這不僅可加快國家創新體系建設的進程，還可推動香港發展成為一個擁有高技術產業的經濟體系。

三、建議全方位擴大招商引資，積極推進各種形式的合作。同時，要堅持走自主創新道路，增強自我發展能力，培育更多自主創新型企業和產業，開發更多具有自主知識產權的自主品牌。

《香港商報》 2010-03-05

開發邊境禁區意義重大

　　特區政府公佈了邊境禁區的重大改組計劃，有關建議在總體上是受歡迎的，顯示出政府在決策上大有進步。但在開發範圍及工程進度上仍過於保守，未能適應兩地經濟融合的發展需要，這說明特區政府對邊境區開發的重要性和迫切性尚認識不足。因此，特區政府應將其作為重大的建設項目，全力以赴地加快工程建設進度，並制訂出解禁土地的開發使用方案，盡快付諸實施。

　　現存的香港邊境地區界限是早在 1962 年時訂下來的。這次邊境禁區的重大改組，將大幅縮小邊境禁區面積，既能滿足兩地經濟發展與人員來往的需要，又可視為香港產業重組的重大契機。

　　誠然，在「一國兩制」下，邊界禁區仍要保留關卡，但隨着兩地邊境保安合作更加順暢，邊境管治能力不斷提升，確實毋須維持如此大面積的禁區範圍。因此，如何開發和運用邊境禁區重組後新釋出的大面積土地，將是香港經濟發展的重大課題。

　　從特區政府宣佈的計劃來看，邊境禁區面積將由 2800 公頃大減約七成至 800 公頃；並將花一億七千萬元建立新禁區邊線圍網，待工程完成時便可正式開禁。因此，如何發展解禁後的土地，確實要有一個好的方案。早在三、四年前，社會各界就對邊境禁區的開發提出不少建議。

　　開發邊境禁區須先從是否能充分利用邊境地理位置的優勢，促進兩地的經貿合作，以及是否有利於香港的產業結構和經濟發展來考慮，才能作出最佳的選擇。比較而言，不能再搞勞工密集型的工

業應已成社會共識，而將邊境區建成高科技產業開發中心，可能是最佳的選擇。

　　香港地處亞太地區，為主要國際金融中心之一，具備從市場和融資兩方面為世界一流的高技術產業提供生產基地的客觀條件。經驗證明，由於文化和生活習慣的差異，許多外國投資者對直接在中國內地投資和參與企業經營管理的心理準備不足，顧慮重重。由於邊境區位於邊界的特殊位置，可充分顯現「兩制」的優勢，若建成高技術產業開發中心，在中央的進一步協調之下，讓港人、海外旅客及內地人士自由進出，應可消除外商的顧慮，有助於提高吸引世界一流的高技術產業和內地某些行業的龍頭企業在邊境禁區投資落戶。

　　可以預見，若在邊境區開發高技術產業將帶動相關行業，從而建成一個多元化功能的邊境新市鎮。當然，香港與內地在解禁後的邊境區如何合作，須在廣泛徵求社會各界意見後，由兩地政府根據產業項目和實際情況進行協調，並注重國家政策導向和市場指導，方能形成兩地優勢互補和雙贏的局面。

《文匯報》　2006-10-04

助力「中國製造」轉向「中國創造」

　　現今世界，創新是引領社會發展的動力，創科產品已融入日常生活，發展創新及科技產業是全球的大趨勢，可帶動經濟增長，促進經濟轉型和創造財富。香港具備發展創新科技的良好條件，擁有獨特的地理、資金、資訊流通等方面優勢，完全能生產更多創科產品。

　　香港創新科技發展如要取得實質成果，應調整積極不干預的傳統做法，加快研究制定創科產業發展政策，直接參與投資具有轉化成為商業應用潛力的科研項目，大力促進創新創科成果產業化。香港擁有多間世界一流的大學，在多個領域有世界頂尖的學術水準，最重要的是，香港是一個開放的國際化大都市，這是創科發展的首要條件。

　　以創科產業帶動經濟增長，關鍵是在應用上。創科產業成本高、時間長、風險大、見效慢、土地缺乏、市場規模有限、產品轉化平台少、沒有產業鏈配套以及政策資金支持不足等，都構成制約，導致優秀人才逐漸流失，做出的創新產品也須另尋出路。因此，需要建立鮮明的科技政策，通過加強引導，進一步推動與包括內地的廣泛合作，雙方優劣互補，並結合資本投資，市場推廣，共同發展和完善創科產業鏈，帶動高增值產業。

　　內地經濟發展進入新常態，正在進行一場前所未有的經濟結構大變革，如蓬勃發展的互聯網等企業，作為新經濟的典型代表，以其龐大的規模、持續的創新走在世界前列。新經濟運用新技術，提供新產品，需求空間大，環境污染小，就業機會好及經濟效益佳；

以近年 GDP 增長全國第一的重慶市為例,當地吸引高新科技工業,最重要的一點就是產業鏈能在當地整合,八成原材料都實現了本地化,可在半小時車程之內運抵,吸引到大企業進駐,其後的配套零售、監測等企業也就不請自來。

香港發展科技公司,關鍵要讓企業發展壯大,須打造完整的上下游創科產業鏈,才能推出具實用性和應用前景的創科產品,實現應有的經濟價值與社會民生效益。香港的商業單位總數約九成屬中小企業,對創新及管理靈活變通,十分緊貼市場脈搏,完全可以推出具實用性和應用前景的創科產品,創造出應有的經濟價值與社會民生效益,使創科領域真正成為香港經濟社會發展的新增長點。

隨着粗放型經濟增長模式的支撐因素不斷弱化,傳統的發展路徑已經難以為繼。在這樣的背景下,經濟新常態強調經濟結構不斷優化升級、發展動力從要素驅動轉向創新驅動,是對我國未來較長時期經濟發展趨勢的科學判斷。集約型經濟增長方式強調的是綜合供給效率的提升,這需要通過創新科技來實現,以技術創新為驅動力的經濟轉型是新常態下經濟發展的要求,創新科技是經濟轉型的重要因素。

在經濟新常態下,國家經濟增長速度將由高速轉為中高速,經濟增長動力將由要素驅動向創新驅動轉變。香港擁有各類專業人才,在發展創新科技、促進學術互動與交流方面具備得天獨厚的條件,可助推建設創新型國家。同時,還可搭橋引進國家亟需的先進技術,促進內地與國際企業的創新科技合作,有望使「中國製造」轉向「中國創造」!

建設創新型國家香港有份

　　我國經濟發展圍繞供給側結構性改革這條主線，經濟體制改革深入推進，正在經歷空前深度的變革。首先是助推中國「引進來」和「走出去」並行的第二階段。中國經濟步入新常態，大力推動產業轉型升級，大量優勢產業產能將轉移到海外發展。在全面深化改革的指引下，「走出去」戰略正成為中國新一輪擴大開放的支點。「走出去」戰略涉及到諸多主題，比如，從貿易大國邁向貿易強國，人民幣國際化等。

　　近年來我國出口國際競爭新舊優勢正在發生更替，以技術、品牌、品質、服務為核心競爭力的新優勢正在加快形成，我國正在從貿易大國邁向貿易強國。香港是一個自由港，回歸後仍然奉行自由貿易政策，並無設置任何貿易壁壘，進出香港的貨品毋須繳付關稅。港人具有視野開闊、聯繫廣泛、資訊多元的優勢，應找準自己特長與國家發展大勢的結合點，在參與國家戰略建設中實現自身價值。

激發供給側結構性改革活力

　　供給側結構性改革催生新經濟。推進供給側結構性改革是「十三五」時期發展戰略重點，也是我國經濟發展新常態的改革主線，其目的是矯正要素配置扭曲，擴大有效供給。新經濟運用新技術，提供新產品，需求空間大，環境污染小，就業機會好，經濟效

益佳，是有效供給的重要體現。作為新經濟的典型代表，蓬勃發展的互聯網企業以其龐大的規模、持續的創新走在世界前列，充分展示了中國經濟的活力與潛力。

供給側結構性改革作為政府調控經濟的重要組成部分，未來有望長期持續，與需求側管理一併構成完善的調控體系，共同促進我國經濟健康持續發展和經濟轉型的順利推進。香港的商業單位總數約九成屬中小企業，在供給側方面較大型企業更容易發揮所長，對創新及管理靈活變通，十分緊貼市場脈搏。目前，可利用自貿區平台更好地服務實體經濟，圍繞「一帶一路」和「供給側結構性改革」進一步加強合作，攜手共建自貿區平台，把握經濟發展新常態機遇，助力供給側結構性改革戰略向縱深發展。

引進創科技術優化經濟結構

隨着粗放型經濟增長模式的支撐因素正不斷弱化，傳統的發展路徑已經難以為繼。在這樣的背景下，經濟新常態強調經濟結構不斷優化升級、發展動力從要素驅動轉向創新驅動，是對我國未來較長時期經濟發展趨勢的科學判斷。而無論是經濟結構優化，還是發展動力轉換，都需要提高創新特別是自主技術創新的能力來實現。在未來較長的時間內，逐步提高自主創新能力，不斷提升以創新為關鍵要素的企業核心競爭力，逐漸提升我國在國際產業分工中的層次，是我國經濟發展的主要任務。

集約型經濟增長方式強調的是綜合供給效率的提升，這需要通過創新科技來實現，以技術創新為驅動力的經濟轉型是新常態下經濟發展的要求，創新科技是經濟轉型的重要因素！在經濟新常態

下，國家經濟增長速度將由高速轉為中高速，經濟增長動力將由要素驅動向創新驅動轉變。香港擁有各類專業人才，在發展創新科技、促進學術互動與交流方面具備優厚的條件，可助推建設創新型國家。

《文匯報》 2017-10-07

與內地聯手發展海洋經濟

　　在國際範圍內，海洋的競爭實質上就是海上資源與權益之爭。我們如不採取重大舉措來發展海洋科學和海洋經濟，必將在下世紀陷於被動，帶來難以彌補的損失，承擔不可推卸的歷史性責任。

　　北望京津遼魯，南眺閩粵桂瓊，海峽西岸經濟區、北部灣經濟區，中國的「藍色風暴」可謂蓄勢待發。中國的海南島被稱為「出口陽光與空氣的地方」。

　　海南省每年的海洋經濟生產總值佔全省生產總值的 30% 左右，海洋經濟正在成為支撐海南經濟健康快速發展的新增長點。青島被譽為「中國海洋科技的硅谷」，在 2009（第十屆）海洋科技與經濟發展國際論壇在青島舉行，來自世界 10 餘個國家的 400 餘位海洋專家聚首青島共同研討全球海洋事業發展。日前，廈門經濟特區的人大代表亦一致呼籲，爭取在廈門建成區域海洋科學研究中心，有效地利用福建省寶貴的海洋資源，為建設海洋強省帶好頭。深圳人在完成了陸地上的新型工業化後，也開始將目光鎖定在構築「海上深圳」的海洋產業化目標上，建立深圳的「藍色產業體系」。

　　香港是個面臨大海的城市，選擇香港與中國內陸共同建立「香港海洋科學研究中心」是比較合適的。

　　首先，香港有的大學已顯示出對海洋環境及生態日益重視，在海洋學科上已表現出積極發展海洋科學的興趣。不過，作為綜合性及高科技性皆強的海洋科學，必須有中國內陸科學界的參與和支持，才有可能發展成具有國際水準的「香港海洋科學研究中心」。

其次，海洋科學研究需要大量的資金投入，而香港具有投融資的優勢。香港的國際性和比較優勢，有利於吸引海外優秀留學生長期或短期回國，亦有助於將「香港海洋科學研究中心」建成國際性研究中心。

再者，「香港海洋科學研究中心」的建立，將會促進中國海洋學科向深海區發展。同時，也必將加強中國在相關地區的影響，有利於對中國海洋權益的維護。不可否認，在香港建立海洋科學研究中心基本上要從頭做起，不如利用內陸現有的海洋基地來得「省力」。但是，這樣做可以避免許多現有關體制與地理位置上的弊端，可以更快地進入國際軌道。

第一，建議中央與香港特別行政區政府組成專門機構，共同協調建成「香港海洋科學研究中心」。第二，建議重視海洋開發與環境生態協調發展，以達到海洋資源持續利用的目的。第三，建議大力實施「科教興海」戰略，加快發展海洋高科技產業。同時，建立激勵機制，制定政策吸引人才。第四，建議充分發揮海洋運輸在海洋經濟中的作用，因為其社會經濟效益不僅表現在行業本身的收益，更表現於對整個海洋經濟和其他產業的貢獻上。

《大公報》　2010-03-08

促進香港和內地產業對接

筆者在全國政協十屆五次會議上呈交了提案，建議中央設立一個促進兩地產業對接的組織架構，並考慮挑選適合在香港發展的高技術產業龍頭企業專案入駐香港，以充分發揮香港的綜合優勢，加強兩地科技創新整合，促進以行業龍頭企業為核心的產業對接。

香港由於長期推行高地價政策，以資產增值的方式帶動經濟增長，因而造成產業基礎狹窄，近年競爭力呈減弱趨勢。特別是近期外源拉動模式出現了減效的信號，更凸顯香港經濟內在動力不足的根本缺陷，或將導致經濟持續發展的基礎欠穩。故此，香港應盡快改變經濟發展模式，建立起以投資增長拉動經濟發展的新模式。

以投資增長拉動經濟發展是極為艱難的歷程，因此，特區政府除了在近期加快重大建設項目的落實外，從長遠來看，還要通過拓建新興行業來創立新增長極。事實證明，高科技產業、高層次製造業及高增值創意產業等，均應成為推動投資增長的目標。這些不僅可為香港帶來新的投資熱點及由此衍生的相關行業發展，還可望開創新的出口市場。

為了糾正香港經濟結構的缺陷，必須實行新一輪經濟轉型，大力發展以高技術產業為主的多元化產業，以擴闊經濟基礎，提升競爭力。早在幾年前，業界人士就提出建議，香港要發展高技術產業，應有新的、全局性的突破，首先應吸引擁有尖端高技術的大企業入駐香港，形成產業龍頭，這樣可令香港眾多的中小企業藉機確立發展方向，加速技術升級改造，從而聚集至骨幹行業的配套生

產，達到相互依存。

在具體實施方面，可像當年籌組地鐵公司及支持迪士尼項目那樣，從特區政府的財政儲備中劃出一部分錢來，設立啟動基金，以合股或全資持有形式，引進高技術龍頭企業，待項目成熟之後，再將股份賣出。如果特區政府給予大力扶持，香港走高科技產業這條路還是佔一定優勢的。

筆者提出以下兩點建議，望能引起業界人士共同關注：

（1）建議特區政府與國家有關部門共同協商兩地產業對接的政策體系與組織架構，以期有效地整合工商和社會各界的資源，進一步加強「產學研」融合。

（2）建議中央挑選適合在香港發展的高技術產業的龍頭企業專案入駐香港，以充分發揮香港的綜合優勢，加強兩地科技創新整合，促進以行業龍頭企業為核心的產業對接，並形成相關的上下游產業鏈。這不僅可加快國家創新體系建設的進程，還可推動香港發展成為一個擁有高技術產業的經濟體系。

《香港商報》　2007-03-16

明確香港科技創新方向

香港「科技創新」的內涵及定位當然要適應國家的「自主創新」。內地在航空航天、微電子、納米技術和生命科學等眾多領域都有相當的研發實力。香港若能制定出具有遠見的戰略措施,加強與內地的融合,將有可能順利轉型為以高新技術為導向的經濟體系。

把握獨特優勢

在 2011 年的全國政協會議上,筆者提交了一份提案,建議在「十二五」期間,大力支持香港發展高新技術產業。事實上,這個問題在香港已爭議多年,業界人士亦提出不少的實施建議,值得進一步商榷。

在發展「科技創新」問題上,香港長期存在着「誤區」,一些人認為,香港邁向高新技術產業就是與過去決裂。一些反對者在聽到「知識經濟」或「科技創新」後就誤解為今後要採用「以產業為基礎」的傾斜支援策略。更有人認為,香港已經是一個知識經濟體,不需要做其他的了,而且也不具備發展「科技創新」的條件。實際上,走「科技創新」之路是全球化的趨勢,是由消費者和企業對高附加值商品和服務的更複雜和更高需求所驅動的。可以說,香港已別無選擇,不走上知識經濟之路就等於與「十二五」規劃的經濟展望和世界其他經濟體脫節。

應該看到,香港確實具備了發展科技創新所須的基本要素,具

體總結如下：（一）香港擁有各方都信任的法律和行政系統——法制健全，管理完善；（二）香港在法律界的國際讚譽有可能幫助中國內地解決與西方的知識產權衝突；（三）香港營商誠信的行為，有助研究和科技開展中會面對的知識產權運用問題；（四）香港媒體自由，資訊開放的環境和香港自由獨立的思維模式，有可能最大限度地利用其獨特的優勢，發展成為世界一流的科技產業化中心之一，服務於來自香港、內地和世界其他國家或地區的創新和研發產品。這些核心優勢，以及本質特徵和競爭的差異，是世界其他國家和地區無法輕易複製的。

正視自身不足

另一方面，香港還可以運用自己在市場推廣和資本方面的優勢，結合內地在高新科技領域的人才儲備與研發實力，共同開發最新科技，並將其快速產業化。事實上，內地在航空航天、微電子、納米技術和生命科學等眾多領域都有相當的研發實力。香港若能制定出具有遠見的戰略措施，加強與內地的融合，將有可能順利轉型為以高新技術為導向的經濟體系。雖然，香港比內地任何城市都更適宜科技創新產業化，但香港目前還不具備可助其成為科技創新中心或發展高新技術產業的專項技術的能力。

因此，香港需要理解和正視自身的不足，才能作出正確的市場定位。問題的癥結在於：儘管香港擁有優秀的高校實驗室的技術開發能力，但是香港並沒有能力使其成為高新技術交流中心。結果，高校研究人員只能用政府的錢去創造和開發新技術，最後再便宜地賣給國際上的一些公司，使香港的研發成果在其他地方進行產業

化。須知，科技創新不僅單為創建或推動知識新領域，而且要通過知識的產業化創造財富。

專家指出，香港發展「科技創新」不能單靠「以行業為基礎」的支持策略，而應提出協調發展政策，有的放矢地提供支援，使香港的「科技創新」發展成類似美國硅谷的「知識產權交易中心」。這個問題值得重視，特區政府的政策和支援系統亦需要有新的調整，特別是在科技、工業和教育方面。業界人士普遍認為，香港要持續發展，尋求更多的機遇，不應把國家「十二五」規劃看成「僅僅是中央規劃」，也不應從單純的商業觀點和獲得更多商業利益來考慮。香港若能充分發揮核心優勢，正視和改進自身不足，將有望使香港發展成世界級科技創新中心。

拓展合作範圍

不可否認，香港相比其他發達國家和地區，在發展「科技創新」方面尚有不足之處。但是，香港作為小型開放式經濟體系，須要一個有利於經濟及就業穩定發展的多元化產業結構。當然，在「十二五」期間，香港發展「科技創新」，應爭取由中央統籌協調和內地研發機構的大力支持。

業界人士認為，香港應在國家「十二五」期間發展科技創新中找到定位，並扮演更積極的角色。事實證明，堅持「自由放任經濟」並不是一個可行的方案。至少，香港不應錯過中國經濟快速發展的契機，冒着完全脫離世界第二大經濟體發展的風險。

香港必須明確定位，在珠三角地區的發展中發揮良好的作用。國家「十二五」規劃已把深化粵港澳合作納入發展重點之一，提出

促進區域經濟發展，並表示將支援香港鞏固和提升國際金融、貿易、航運中心地位，增強產業創新能力，推動經濟社會協調發展。毋庸諱言，在發展「科技創新」方面，據統計，全國的高新技術轉移，北京佔了 50%，緊接着是上海、浙江和深圳。因此，香港不應把高新技術產業化和發展知識經濟重點單一地放在與珠三角區域合作上，而應把這個重點放在與全國及協助內地與世界各國和地區合作，這是完全合乎實際情況，亦更符合香港利益的。

注：2018 年 5 月 15 日，國家主席習近平對在港兩院院士來信作出重要指示，強調要促進香港同內地加強科技合作，支持香港成為國際創新科技中心。筆者在 2011 年的全國政協會議上提交了一份提案，建議在「十二五」期間，大力支持香港發展高新技術產業。本文當時就指出，香港若能制定出具有遠見的戰略措施，加強與內地的融合，將有可能順利轉型為以高新技術為導向的經濟體系。

《大公報》 2011-04-28

香港優化經濟結構之路

十九大報告提到，「要支持香港融入國家發展大局，以粵港澳大灣區建設、粵港澳合作、泛珠三角區域合作等為重點，全面推進內地同香港互利合作、制訂完善便利香港居民在內地發展的政策措施」。香港在中華民族偉大復興的戰略部署中，將獲取更大發展空間，發揮獨特優勢，繼續保持繁榮穩定。

十九大報告專門用一個章節「貫徹新發展理念，建設現代化經濟體系」來論述經濟發展之道，其中，「深化供給側結構性改革、加快建設創新型國家」是最重要的兩部分內容。在經過了過去兩年的傳統產業去產能之後，未來供給側結構性改革的重心將放到「提高供給體系品質」上來。我國將通過進一步「推動互聯網、大資料、人工智慧和實體經濟深度融合」，來實現傳統產業的優化升級，促使中國產業邁向全球價值鏈中高端，培育若干世界級先進製造業集群。

國家推出粵港澳大灣區規劃重點在於支持香港經濟結構轉型，但從更寬的視野看，是面對世界新格局，加快粵港澳大灣區的整體輻射能力和國際競爭力，為「一帶一路」建設奠定重要支撐，全面提升新時期我國對外開放水平、適應國際經濟秩序的調整。大灣區將會成為重要的國際科技創新中心，而且這個區域比較廣闊，周邊還有很多發展空間，所以研發、生產、製造、行銷、再研發，這種迴圈會得到比較快的進展。

香港土地空間狹小，要進行產業多元化有一定難度。作為外向型細小經濟體，貿易是香港的支柱產業之一，香港九成以上的貿易

是服務貿易。年輕一代更多地集中在一般性的商貿和物流領域，發展潛力有限，而且面臨珠三角城市的激烈競爭。業界人士認為，香港的一些傳統產業，經過轉型升級後，可轉移至大灣區內地城市。香港的未來在於發揮自身優勢，參與到服務粵港澳大灣區的發展過程、提升中國對外開放水平的競爭中來。

　　從經濟總量等方面考量，粵港澳大灣區目前已經可與東京灣、三藩市等世界級大灣區比肩。未來粵港澳大灣區將成為很重要的國際科技創新中心，同時是中國未來發展新的經濟增長極。大灣區區域的經濟規模、經濟總量，背後隱含的就是非常豐富的人才資源，比較雄厚的物質基礎，比較發達的交通網絡，與國內外經濟交往密切。粵港澳大灣區建設的開展，正好為香港提供一個絕佳契機和發展空間，讓香港在參與大灣區建設的同時，優化經濟結構，不斷提升自身競爭力。

　　香港的國際金融中心地位依然強大，教育科學實力在不斷增強，在世界城市的地位日見突出。香港各大學在培養高素質人才、吸引國際化人才方面有獨特優勢，應以香港優秀大學為基礎、以金融中心為依託，發展以創新為主導的新產業。香港年輕學生可利用大灣區的產業鏈基礎，以內地巨大的腹地市場大膽嘗試，從而有機會創出更多新興企業。

知識經濟可促香港產業轉型升級

中國內地經濟發展已進入新常態，新產業、新業態、新產品、新經濟等新的增長點不斷加快發展。互聯網＋、電子商務、快遞業……這些曾經的新生事物正日益成為中國經濟發展的動力。顯而易見，本港應充分發揮金融業的獨特優勢，把握國家高速發展所帶來的融資需求，大力發展新經濟。

力推「互聯網＋」

所謂「新經濟」，實質上就是知識經濟，這種新型經濟以高技術產業為支柱，以智力資源為主要依託。「互聯網＋」行動計劃中已明確提出，促進互聯網金融健康發展，全面提升互聯網金融服務能力和普惠水準，鼓勵互聯網與銀行、證券保險、基金的融合創新，為大眾提供豐富、安全、便捷的金融產品和服務，更好地滿足不同層次實體經濟投融資需求。

內地互聯網公司正在運用各自優勢，發展差異化互聯網金融，作為世界第三大金融中心，本港理應力推「互聯網＋」，助推普惠金融穩健發展，拓展互聯網金融服務創新的深度和廣度。

跨境電子商務大有可為

積極穩妥擴大跨境電子商務綜合試點，是深化簡政放權、放管

結合、優化服務等改革的重要舉措，既可吸引大中小企業集聚，促
進新業態成長，又能便利有效監管，對推動「雙創」，增加就業，
使外貿更好適應新形勢、贏得新優勢，具有重要意義。筆者認為，
香港中小型企業可通過創新科技的手段，在中介貿易中提供更多的
增值服務，運用電子商貿等技術，減少成本。港商在採購、設計、
服務、對客戶的快速反應方面須互相配合，建立中小型企業的策略
聯盟。

　　香港地處中國南大門，不僅擁有世界上最優良的深水港，貨
櫃港更是全球最繁忙的貨櫃港；也是世界第十四大銀行中心、是世
界第六大外匯交易市場；香港的股票市場是亞洲第二大市場。香港
具有龐大的外匯儲備、可自由兌換兼且穩定的貨幣、穩健的財政儲
備，以及低稅率的簡單稅制，所有這些優勢使香港成為我國對外貿
易發展的重要地區，也是全球最重要的貿易經濟體之一，拓展跨境
電子商務大有可為。

發展新產業促轉型升級

　　產業結構優化升級是提高我國經濟綜合競爭力的關鍵舉措，要
加快改造提升傳統產業，深入推進資訊化與工業化深度融合，着力
培育戰略性新興產業，大力發展服務業特別是現代服務業，積極培
育新業態和新商業模式，構建現代產業發展新體系。

　　隨着世界經濟形勢的發展變化，香港的傳統優勢也面臨挑戰。
如何因應變局、開拓新局，成為近年來香港經濟無法迴避的嚴峻課
題。香港亟需盡快完成經濟結構轉向多元化，將產業結構優化升

級。香港應積極參與國家創新驅動戰略,發展新產業,可爭取國家「十三五」項目的個別專案落戶香港。筆者認為,香港年輕人不乏創意和理念,而且具備國際視野。目前,一些投資政策宜開放限制,大力扶持大學科研成果產業化,或將有創意的專利製成產品,推向市場。

《香港商報》 2016-01-13

大眾創業對香港的影響

　　內地提出推動「大眾創業，萬眾創新」，強調大力減輕企業特別是小微企業負擔，降低大眾創業成本，加快萬眾創新步伐，要在着力落實好定向減稅政策的同時，實施普遍性降費。

　　目前，對正處於經濟社會結構轉型期的內地來說，創新創業的重要性尤為突顯，在這個時候提出要在全國掀起「大眾創業」的新浪潮，有着深遠的歷史意義和時代意義。

　　在國家鼓勵的「大眾創業」熱潮中，香港特區政府可與內地共同設立互動平台，規劃未來工商業發展遠景，讓創業者以較低門檻接觸到香港投資者，為其提供尋找投資合作者的服務，同時亦可積極為港商尋求投資合作機會。

　　在新一輪「大眾創業」熱潮中，內地大學將扮演最重要的推動者和組織者角色。香港的大學應積極地與內地大學加強合作，更大地拓展各自服務社會的核心功能，有效利用大學的自身優勢，為香港和內地創業者提供持續的軟硬體環境，促進香港與內地的經貿發展。

　　內地鼓勵「大眾創業」，中國經濟的轉型首先是金融資源配置的轉型，由原來向大型、重資產行業配置資金轉為向中小微企業、創新企業配置資金，由以間接融資為主轉向以直接融資為主，由以債權為主轉為債權和股權並重。在這個時期內，改革創新帶來的是前所未有的歷史新機遇，一是為中小微企業服務，二是消費金融。

　　隨着內地「大眾創業」的興起，香港金融業應把握「大眾創業」

帶來的歷史新機遇，拓寬金融領域服務範圍，為香港和內地的經濟貿易提供金融服務，如為中小微企業提供信貸服務、消費信貸、跨國投資、人民幣國際化帶來的跨境支付業務，以及城鎮化基礎設施投資訊貸。

香港作為全球知名的國際金融中心，具備完善的商業基礎設施、健全的法律制度及靈活穩定的資本市場，在內地鼓勵企業「走出去」的政策下，香港無疑是內地企業邁向國際的理想中轉站。近年，在香港投資推廣署協助下成功落戶香港的內地企業數目不斷增長；而香港的投資環境優越、投資政策穩定、投資方式靈活收益穩定、稅制簡單、稅率低等，都吸引着各國企業選擇來港投資。

可以預見，在內地新一輪「大眾創業」熱潮中，將湧現一大批創新科技民營企業。香港在高質素和創新的工業尚有發展空間，應以優惠條件，吸引經濟效益好的民營企業落戶香港，改變香港經濟結構單一的狀態。

《信報》 2015-01-03

合力發展新裝備製造業推動轉型

　　中共十六大報告提出了「全面建設小康社會」的宏偉目標，但在實現這一目標的過程中，無疑需要從各方面合力進行建設。對於我國這樣一個農業大國，走新型工業化道路應是全面建設小康社會的突破點。各種信息表明，未來二十年是中國新裝備製造業快速發展的時代。但中國內地傳統產業中的裝備製造業技術還比較落後，而且發展新裝備製造業需要強大的資金做後盾，中國還是一個資金相對短缺的發展中國家。作為國際金融中心、經貿中心和信息中心的香港正處於第三次經濟轉型，經濟發展出路問題，一直為人們所關注。

改變主要設備依賴進口局面

　　中共在十五大就提出了「改造和提高傳統產業，發展新興產業和高技術產業，促進國民經濟資訊化」的任務。近三百年的世界歷史告誡我們，西方工業發達大國都是通過裝備製造業的發展實現工業化的，並且因有強大的裝備製造業而成為工業化強國，而新裝備製造產業是傳統裝備製造產業的升級或延伸，將承擔着為國民經濟各行業和國家安全提供裝備的重任。

　　據統計，中國的製造業直接創造國民生產總值的三分之一，佔整個工業生產的五分之四，為國家財政提供三分之一以上的收入，

貢獻出口總額的百分之九十，就業人員八千零四十三萬。但是，與發達國家相比，目前中國內地的製造業能力和技術水平尚不高，市場競爭實力不強。近三年來，中國內地經濟建設和高技術產業所需的許多設備約三分之二仍依賴進口。其中，光纖製造裝備的百分之百、石油化工裝備的百分之八十，轎車工業裝備、紡織機械、膠印設備的百分之七十都是進口產品，這種局面亟需改變。

帶動相關行業發展解決失業

眾所周知，由於中國現正處於新舊體制轉軌、社會轉型的特殊時期，下崗失業群體數量龐大，就業形勢顯得十分嚴峻。因此，盡可能實現充分就業也是事關全面小康目標實現的關鍵一環。香港正處於第三次經濟轉型，亦面臨着失業率高企的難題。從香港的經濟發展史來看，製造業對香港的勞工就業和改善他們的生活有着莫大的關係。

據統計，外商投資中國內地創造了大量就業機會。在內地已開業投產的十八萬家外商投資企業中，直接從業人員超過了二千一百萬人，佔全國城鎮從業人口約百分之十。顯而易見，中港兩地若能盡快合作發展新型裝備製造業，必將帶動起相關行業的發展，亦能有效地從根本上解決兩地的失業問題。因此，無論從增強中港兩地整體經濟實力方面，還是從為百萬勞動大軍的福祉考慮，中港合作發展新裝備製造業實在是勢在必行，兩地政府應將扶持和發展新裝備製造業提升到較高的戰略地位上來。

協調兩地工業體制調整

中國的人才儲備豐富，人力資源龐大。中國又是一個資源大國，有着雄厚的製造業基礎，特別是在造船、航空、鋼鐵、石化、煤炭等領域的發展歷史悠久。因此，中國不僅可以成為製造大國，同時也是新裝備製造業的大市場。目前，香港的高新技術產業鳳毛麟角，但香港資金雄厚、信息靈通，有健全的將科技成果產業化、商品化的機制和經驗。而且，香港是個高度開放的自由港，與世界各地緊密聯繫，可加強對包括新裝備製造業在內的國際科技前沿態勢的識別與響應能力。香港的企業管理也早已同世界接軌，國際市場網絡及其資訊頗為發達。因此，兩地合作發展新裝備製造業，將促進兩地的投融資、高新技術等各方面的合作，推動經濟結構轉型，提高合作各方在全球範圍的競爭力。

值得注意的是，隨着中國加入世界貿易組織，國際資金紛紛進入中國搶灘，其中製造業最為突出，尤其是新裝備製造業等資本規模行業備受青睞。目前，有一百多家跨國企業或國際知名企業紛紛參與中國新裝備製造業的投資與合作，將海外技術和資本流向中國新裝備製造業，他們看中的就是中國新裝備製造業的「人才」與「市場」。因此，建議中央政府根據實際情況協調中港兩地的工業體制調整，建立健全穩定有序的金融市場，並制定相關的法律政策，不失時宜地充分發揮國家政策導向的作用，促進兩地的傳統裝備製造業的優化升級，加快新裝備製造業進入國際市場參與競爭的步伐。

（此文為作者呈交全國政協十屆一次會議的大會發言稿）

《文匯報》 2003-03-05

第六章

推動香港經濟轉型升級

導 言

　　香港過去經歷了兩次經濟轉型。第一次是從 1960 年代開始，新一輪產業結構調整在全球範圍內展開，「雁形模式」開始形成，香港比亞洲其他國家和地區更早地抓住了這個機會，全力發展紡織、服裝等勞動密集型產業，實施出口導向型發展戰略。同時，香港成為了中國對外經貿交流的最重要視窗；1978 年，內地拉開了改革開放的序幕，飽受高成本之苦的香港製造業開始大規模向以珠三角為主的內地轉移，再加上內地剛剛開放，國門尚未完全打開，巨量的產品進出口都經由香港轉口，引發了大量的資金結算業務，香港迅速實現了從製造業為主向服務業為主的第二次經濟轉型。隨着中國內地改革開放持續深入，香港窗口優勢正在消失，當經濟上漲大勢退卻之時，大量曾經被隱藏的深層次經濟問題和矛盾開始浮出水面，主要包括工業萎縮、產業單一化、收入差距擴大、房地產價格高企等，嚴重窒礙經濟轉型。推動經濟轉型升級，成為香港面臨的重大課題。

　　要看到，香港經濟也擁有不少有利條件和發展機會。從內部看，香港財政狀況良好，特區政府的財政盈餘持續增加；從外部看，國家進一步改革開放，給香港帶來歷史性發展機遇。如果香港能夠善用「一國兩制」和自身獨特優勢，充分發掘和釋放內部潛力，推動香港朝着知識經濟、全面改善民生的方向轉型發展，就有機會扭轉低迷不振局面，經濟競爭力得到重塑。

香港中小企的歷史機遇

　　「十三五」規劃綱要提出：「加深內地同港澳在社會、民生、文化、教育、環保等領域交流合作，支持內地與港澳開展創新及科技合作，支持港澳中小微企業和青年人在內地發展創業。」

　　「一帶一路」的倡議除了為中小企帶來龐大商機，亦會促進人流、物流、旅遊業發展。相信佔全港企業總數超過 98% 的中小企業，將能直接或間接受惠，成為國外先進技術與內地技術需求企業合作的橋樑。同時，幫助內地企業提高技術研發與產品升級，為走向國際市場提供保障。

供給側擴中高端供給

　　我國內地總消費能力六成至七成的群體對消費品質的要求有了大幅度的提升。同時，加入 WTO 後的內地市場與世界市場正逐漸成為無障礙對接，公眾的境內外消費能力日益趨於平衡，而其選擇度則對產地、產品構成了巨大挑戰。

　　隨着內地知識產權意識的提高與技術競爭的日趨激烈，專利技術已成為企業發展的命脈。中小企要長遠發展，脫穎而出，除耐心自建專利資料庫，更多的企業采取了專利合作、技術委託等方式，與世界先進技術企業攜手共建。不可否認，香港毗鄰內地，擁有法治、簡單稅制、有效的政府運作和區位優勢這四大有利因素，又有

內地提供資源和政策的優勢,可以保持高經濟自由度,吸引不同的公司、集團來港投資,增強香港產品的競爭力。

在自身品牌下功夫

近年來,內地遊客在境外的超常購物行為,值得香港中小企業界重視和探討。分析認為,這是由於內地企業及商業服務業,為消費者提供的各類產品長期處於陳舊、低端、過時的狀態,富裕起來的內地廣大的中等收入群體當然會把錢投向境外,包括香港市場,亦預示香港品牌遇到了千載難逢的發展機會。

事實上,香港已有諸多優秀品牌享譽全球,某些著名的香港名牌或公司更是家喻戶曉。有識之士建議,中小企應在自身品牌下功夫,努力維護良好的口碑。回想上世紀七十年代香港經濟起飛,令世人矚目,今天雖然環境、時勢有別,但港人拚搏苦幹,始終如一。可以相信,正在進行的「供給側結構性改革」,將為香港品牌拓展國內外市場創造無限的商機!

科技成果將向中小企轉移

中央確定,鼓勵國家設立的研究開發機構、高等院校通過轉讓、許可或作價投資等方式,向企業或其他組織轉移科技成果,鼓勵優先向中小微企轉移成果,這對香港中小企是一個利好信息。

香港這塊寶地是中國發展的核心價值所在,中國改革開放的三件大事,即轉口貿易、直接投資以及資本市場大發展,都離不開香

港的貢獻。香港憑藉獨特優勢，在其僅 1000 多平方公里的土地上，引領着改革開放最核心的三大趨勢和潮流。事實證明，內地和香港須互相信任，因內地未來的發展需要香港，香港保持繁榮穩定亦需要祖國。

香港再工業化之路

　　國務院部署推進「互聯網 + 流通」行動，促進降成本擴內需增就業；互聯網企業，手機企業、電腦企業和物流業大有可為。

　　香港特區政府已在微調工業用地政策：例如修訂其原有工業計劃，優先吸引那些創新及科技產業企業，例如資訊科技、機器人技術、醫療及人口老齡化相關的高端製造業等，從而推動「再工業化」，藉此帶動貿易、研發、生產等多元經濟發展。值得關注的是，因「香港製造」這一品牌仍具吸引力，一些港企希望回流，主要涉及科研及高增值業務。例如模具、3D 打印、電子產品、化學用品、稀缺藥品等一系列高科技企業，而非以往傳統製造業，應該予以協助。

　　香港有 30 多萬家中小企業，佔本地企業總數逾 98%，合共聘用近 130 萬員工，佔全部私營機構的僱員近半。倘若這些香港中小企有一半升級換代，那香港實現「再工業化」，發展新興產業就指日可待。當然，這須要特區政府繼續致力為香港中小企業提供適當的支持，以促進他們的發展和提高其競爭力。

　　特區政府還將繼續推行總值 10 億港元的「發展品牌、升級轉型及拓展內銷市場的專項基金」，協助企業通過發展品牌、升級轉型和拓展內銷市場，發展內地業務。蘇錦樑局長在文章中表示，鼓勵香港中小企業善用支持計劃，積極發展業務，提升競爭力。商務及經濟發展局會繼續與業界保持溝通，並不時檢視支持中小企業的措施，以確保為業界提供適當的支持，推動香港的經濟持續發展。

　　香港特區本不乏創新土壤：資訊自由流通、奉行法治、具備先進基礎設施，本地多所大學科研實力雄厚，創新科技人才充足。但因政策措施不到位和多方管理等因素，導致科研創新方面成效不足。香港在內地未來改革開放進程中，仍將發揮不可替代的作用；內地將一如既往支持香港發展，包括強化香港作為離岸人民幣中心樞紐，及支持香港培育新興產業。

　　香港是全球開放程度最高的城市經濟體之一，在共建「一帶一路」過程中具有突出的區位優勢，在全球資金融通方面具有重要的樞紐地位，在城市建設、管理運營方面也有豐富經驗。香港的這些優勢和經驗，在內地正在進行的改革開放中值得借鑒，也是彌足珍貴的。可以預見，內地將繼續鼓勵香港進行經濟轉型和產業發展，支持香港的融資、商貿、物流、專業服務等向高端、高增值方向發展，支持香港培育新興產業。

《香港商報》　2016-04-25

香港應及時設立創新及科技局

在 21 世紀的新世代，工商業界開始洞悉創新科技的重要性，紛紛為企業注入創新科技的元素，支援產品設計、生產、物流、營銷等各方面的發展。世界許多國家、地區，也開始意識到新經濟浪潮已經來臨，紛紛調整經濟發展策略。所謂新經濟，是指以創新科技作為核心驅動力的經濟，包括以互聯網科技為核心的創新科技，以及商業模式的創新。眾所周知，香港是個彈丸之地，又沒有多少自然資源，但香港有完善的知識產權保護制度，亦具備先進的科研基建及設施。香港的高等院校所進行的部分科研工作已經達到國際水平，非常適合發展高端科技。

香港資訊發達，要取得最新的科技資訊實在不難，如要深入探索，官、產、學、研實可作深度合作。在香港，政府多番強調創新科技對香港經濟發展的重要，並已陸續推行新措施，大力鼓勵這方面的發展。香港在創新科技的主導下，高質素和創新的工業尚有發展空間。

與創新及科技發展相關的政策，分散在特區政府不同的政策局中，令政策有時未能保持一致。業內人士認為，設立創新及科技局可為香港青年人發展帶來平台。不論是創業或受聘，青年人都可以充分運用創意，在不同的創新科技領域發揮所長。

香港的大學須加強與內地大學及科學家的科技合作，特區政府應積極為香港的大學爭取到國家「十三五」科研項目中，一些適合香港的科研課題。香港的科研人才通過參與國家科技計劃和夥伴實

驗室計劃等，亦可善用國家的資源，與內地科研人才密切交流，促進項目研究不斷提升水平，以及把科研成果產業化。

　　不可否認，香港與內地科技合作經過十多年的努力，在推動平台建設、產學研合作、人才交流等各方面都有良好的發展，成果豐碩。「香港國家重點實驗室夥伴實驗室」和「國家工程技術研究中心香港分中心」的發展，得到了香港科技界關注和積極的參與。

　　香港除了擁有世界一流的科研人員和設備外，還具有成熟的國際市場，以及觸覺敏銳的企業家，可以迅速地把研發成果商品化和實踐化，由實驗室走進市場。可以預見，香港與內地科研合作將達至互惠互利，有望在創新及科技成果商品化上獲得雙贏。為了加大力度推動本港的科技產業，並做好官、產、學、研的協調工作，特區政府有必要及時設立創新及科技局，助力香港創新及科技事業的發展。

《文匯報》 2015-02-06

香港應調整經濟發展戰略

　　自從香港的產業大量北移後，未能及時地進行經濟結構轉型升級，錯過知識經濟發展機會，以致香港目前的產業結構比較單一，經濟過多集中於地產、金融、旅遊等，多元化經濟尚未取得明顯成效，整體競爭力有所下降。筆者認為，香港須面對社會尚存在的深層次矛盾，注重調整經濟發展戰略，尋找新的經濟增長點。

　　香港自由貿易政策的基礎是強大和可靠的多邊貿易制度。作為小型經濟體，對外貿易在香港經濟中的作用至關重要；作為自由港與國際貿易中心，香港則從多邊貿易體制下的國際貿易自由化中獲益良多，因而堅定地支持與施行自由貿易政策。

　　世界貿易組織在 1995 年 1 月 1 日成立，香港是世貿的創始會員，而且一直積極參與其事務。由於堅定地實施自由貿易政策，香港目前已成為世界排名第十一的貨品貿易實體。香港在 1997 年 7 月 1 日起以中國香港的名義繼續積極參與亞太區經濟合作組織、太平洋經濟合作議會及經濟合作與發展組織有關委員會的活動。

　　香港和內地是一個主權國家內部的兩個單獨關稅區，雖然 CEPA 的名稱不同一般的優惠貿易安排，內容也比一般的優惠貿易安排更深遠，但其在實質上還是要實現貿易、投資自由化以及實現貿易合作，所以 CEPA 是多邊貿易體制下區域經濟整合的一種，香港從中受益匪淺。

　　香港是我國目前唯一的國際金融中心，全球最大的銀行、投行、券商都在香港，具有較強的融資能力和資本運營能力。此外，

香港資本市場有完善穩定的法律體系（尤其是對投資者方面的制度保護）、高度流動性、自由兌換的貨幣體系，以及高增值的金融服務等。因此，發揮金融中心優勢，為構建自由貿易區提供服務，正當其時。

目前亞太地區基礎設施建設存在資金缺口，互聯互通是亞太地區必不可少的增長動力。習近平主席倡議籌建亞洲基礎設施投資銀行，該銀行將為落實上述項目提供良好契機，我國還出資400億美元成立絲路基金。香港作為國家最開放、最國際化的金融中心，具有豐富的經驗、人才和平台，應積極爭取為國家和亞太地區金融業發展提供服務，還可為香港拓展更大的金融發展空間。從需求角度來看，香港主要擔當中國內地與世界各地貿易及資金流動的大門，以海外需求為目標。因此，香港的經濟周期與內地及其主要合作夥伴之間的貨品、服務及資金流動的波動息息相關。

香港在創新科技的投資和發展方面，應該急起直追，因為在科技主導下，高質素和創新的工業尚有發展空間。香港的出路在於促進創新驅動的新經濟與社會，應鼓勵創新科技，大幅增加科技教育和技術培訓投入。

《信報》　2014-11-21

優化香港發展環境

據世界銀行和國際金融公司 2012 年聯合發佈的 2013 年營商環境報告顯示，香港的營商環境屈居新加坡之後，居全球第二。

世界銀行最近一份調查再度確認香港為全球最佳的營商環境之一，調查指香港的低稅制為全球其中最簡單的稅制之一，尤其是有利小型和中小型企業。然而，背靠祖國成為今天香港最獨特的優勢。回歸祖國以來，為維護和提升香港的國際經濟地位，僅在財政、稅收等領域中央政府就為香港爭取到諸多利益，充分體現了「一國兩制」的優越性。中央政府已公佈的惠港政策，正在進一步提升香港的各項優勢。

回歸祖國以來，香港在國家改革開放和現代化建設中發揮了不可替代的作用。香港已經成為內地最大的外資來源地，是內地企業最大的境外融資中心，也是內地最重要的貿易夥伴和出口通道。港資企業到內地的投資總額到 2011 年底已經達到了 5200 多億美元，佔國家直接利用外資的 45%。香港在內地的企業達到幾十萬家，吸納了內地數千萬勞動力就業。香港在其他方面對國家還有很多重要的價值，比如金融合作、服務業領域的合作，以及香港的城市發展規劃、社會管理、社會服務、環境保護等等。

不可否認，香港在「一國兩制」下，既保持了原有的經濟制度，又能從祖國日益繁榮中獲得更多的機遇、更大的空間和強有力的支持，具有雙重優勢。改革開放 30 多年來，香港和內地發揮各自優勢，與時俱進，形成了互利共贏的全方位合作格局。

香港土地昂貴、資源匱乏，應以更優惠的政策吸引投資，才能在全球激烈的競爭中佔一席之地。特區政府應進一步優化香港發展環境，在投資政策上有所創新，制定含金量更高、吸引力更強的政策，吸引外來投資。同時，應營造優質高效的服務環境，服務水準的高低和服務品質的優劣，是企業和投資者對經濟環境最直接的感受。須知「服務是第一投資環境」，要把一流的服務貫穿於發展的全過程。

香港自 2003 年與內地簽署了 CEPA，香港與內地在機構准入、專業互認、技術交流等領域都取得豐碩成果。當前，人民幣正在走向國際，香港已經把握這個機遇發展成為離岸人民幣業務中心。

香港發展環境不僅包括創新政策、優質服務的政務環境，還包括：為市場主體提供優質、完善的金融服務；讓企業和香港市民感到安全、放心的治安環境，為企業發展提供充足的人才資源。同時，社會應盡最大努力把環境風險降到最低，使環保與發展達到融合共贏。近年來，高素質人才儲備不足，成為香港邁向知識型經濟之路所面臨的一大難題，要能夠打造知識型經濟基礎，人才是最重要的。

香港應力求發展優質的教育產業，培養和吸引各方人才。香港的中小企業也要積極加強與科研院所、大專院校的聯繫，在技改和技術創新等方面加大投入，以形成香港品牌。

港企升級轉型大勢所趨

實體經濟主要指農業、製造業以及傳統服務業等領域。實體經濟是社會財富的基礎,是綜合國力的基礎,也是改善人民生活的物質基礎。

改革開放多年來,國家依靠勞動力的低成本優勢迅速崛起為世界製造業大國。但是,隨着各種資源約束和成本的上升,如何繼續保持在世界製造業的優勢地位成為新的挑戰。「牢牢把握實體經濟堅實基礎」正是中央在總結應對國際金融危機的成功經驗,把脈國情,並結合實際情況後所提出的。

近年來,以製造業為代表的部分實體經濟受到衝擊,許多在內地投資的香港廠商擔心全國銀根緊縮會使他們融資無門。為改變部分中小企業融資困局,當前國家宏觀政策已經開始預調微調,靈活調控。國家將繼續落實好扶持實體經濟發展的各項政策,加快出台相關配套措施,實現國家支持實體經濟發展的中長期目標,增強經濟發展的內生動力。

在香港舉行的「2011廣東省支持外經貿企業轉型升級穩定發展政策宣講會」上,廣東省政府宣佈推出8大範疇、30項政策,支持在粵港資企業轉型升級,拓展內需和國際市場,發展品牌,推動港企持續發展。香港特區政府亦不甘落後,同場表示將設立10億元的專項基金,鼓勵企業朝高增值方向發展,並助港企在內地發展品牌。香港特區政府宜探討建立相應制度化的機制,比如成立中小企業發展局等,專責中小企事務,相信效果會更好。

　　在新一輪發展中，內地經濟亟需調結構、促轉型，對港企亦提出了新的要求；與此同時，無論是各路企業競爭的加劇，還是外圍經濟環境的不明朗，都為內地港企帶來了嚴峻挑戰，升級轉型已是大勢所趨，否則就會被無情地淘汰。值此關頭，從中央到內地各省市地方政府，特別是與港企休戚相關的廣東省、珠三角地區，都一如既往地全力支持港企順利踏上升級轉型之路。

　　中央公佈的 36 條挺港措施中，就有專條涉及支持港企升級轉型，加強兩地經貿合作、促進經濟融合等，為港企在內地經營拓展大開方便之門；中央相關部委亦推出多項措施支持港企升級轉型，日前廣東省政府拿出的 30 項政策，正是落實有關精神的又一舉措。支持香港中小企業，就是支持香港經濟，有助提升整體競爭力。當然，在企業升級轉型的過程中，不能單靠政府和政策，還有賴於企業自身努力，提升競爭力。故此，港企應自強不息，好好把握政策機遇，下決心走升級轉型之路，才能真正長盛不衰。

《文匯報》　2012-01-20

不可忽略發展高端製造業

　　當今世界經濟格局發生了巨大變化，為香港現代產業發展創造了千載難逢的契機。因此，政府在重新檢討香港經濟發展路向時，不可忽略以製造業為主的現代產業。

　　對於是否重振和發展香港工業，社會上一直有各種不同意見。從香港經濟的發展史來看，以中小型製造業為主的傳統工業，不僅推動了香港工業的發展和整體經濟的增長，亦為社會吸納了大量的勞力。經過長期發展，香港的企業具有豐富的商業管理經驗，熟悉國際金融市場運作方法。

　　世界經濟發展的經驗表明，製造業是現代產業的基礎，缺乏製造業也就意味着失去了缺乏經濟發展的根基。僅靠服務業無法消化社會各類型的勞動力，這是造成失業率居高不下、波動較大的原因。另一方面，由於香港近些年來不重視製造業的發展，因而不能在自己擅長的製造業領域擁有較強的研發能力和較高的市場佔有率，香港經濟在全球範圍內也就很難獲得較強的國際競爭力。

　　自香港與中國內地簽署了「更緊密經貿關係安排」後，有一千多種「香港製造」的貨品在進入大陸時，可分階段享有「零關稅」的優惠。但令人遺憾的是，CEPA 實施一年來的情況表明，香港方面未如預期的理想，主要原因是「香港製造」的品牌產品數量有限。但從另一方面來看，香港如果能善用 CEPA 所衍生的機遇，致力推動本地經濟結構的轉型，深化與內地的產業分工和協作，則可以獲得更大的效益。

CEPA 可催谷本地的傳統製造業升級。雖然香港的營運成本與內地相比仍偏高，但廠商若在香港建品牌生產基地或研發中心，可同時拓展本銷、內銷和出口三大市場，還可利用香港的投資環境優勢，降低經營風險。如高級成衣、珠寶首飾和鐘錶的生產廠家，若能將部分工序由中國內地搬遷回香港，既可節約貴重原材料的運輸成本，省卻通關手續，還可加強品質監控和內部管理，藉此提高香港品牌的競爭力，有利於他們參與在內地市場與外國品牌和內地品牌展開競爭。

特區政府應重新認識製造業對本港經濟發展的重要作用，確立製造業為本港現代產業的基礎。在制定新工業政策時，充分發揮承前啟後的主導功能，如可考慮設立工業創新風險基金，將高新科技融入香港傳統工業，從人力、資金和工業政策等方面切實有效地扶持和發展以製造業為主的現代產業。同時，可考慮採用傾斜性政策，通過提供財稅方面的優惠、建立新型廠房、降低政府和公用部門的各項收費，以及改善營商環境等措施，協助本港部分製造業回流，以期盡快重振香港工業。

《文匯報》 2004-12-20

重整工業政策迎 CEPA 商機

2003 年 6 月 29 日，中國內地與香港簽署了更緊密經貿關係安排（CEPA），這對整個香港的經濟尤其是工業的發展是一件大好事。

目前，香港各界基本上認同香港的經濟發展須平衡，應同時重視工業及貿易。但是，仍有一部分人認為，政府應繼續遵守「小政府大市場」原則，由商界自行決定投資策略。筆者認為，基於 CEPA 的特殊性和緊迫性，特區政府應以新觀念、新思維來研究工業政策。事實上，一個負責任的政府須擔當經濟發展的火車頭，積極創造良好的營商環境，並適時地調整經濟政策，從而充分發揮本地優勢創造條件。

回顧歷史，香港政府長期堅持「積極不干預」的管治哲學，在回歸前一直對新經濟形態的發展後知後覺，對發展香港多元化工業欠缺明確的政策方向和有效支援，未能發揮「領路者」和「促進者」的作用，因此，在中國改革開放二十年中，香港雖享有在內地設廠的先機，卻錯失了新經濟發展的第一個高潮，亦失去了很好的產業結構調整機會，歷史的教訓值得記取。

在建立更緊密經貿關係安排下，可吸引高增值、高創意等中高檔企業回流本港，發展多元化工業，並促進傳統製造業升級，力求創出更多名牌產品，為率先拓展國際市場和中國的內銷市場打下堅實的基礎，亦為香港經濟注入新的動力。

CEPA 是國家給香港人一個發展經濟的大舞台，讓香港的資金、人才、技術和產品，在更大的範圍發揮作用。發展香港的多元化工

業，須有政府的政策支持，並作出中長期的規劃：

　　短期方面——可增加對現有香港製造業的援助，重點扶持名牌質優企業，從資金、政策上幫助生產中、高檔次名牌產品的廠房搬回香港，同時促進傳統加工業升級至發展自己的品牌，這樣既可大量吸納香港的失業大軍，又可幫助企業把握 CEPA 機遇，開拓中國內地廣大的市場。另外，也可由政府投資或貸款，吸引香港、中國內地乃至世界各國大專院校，安排科研成果在本港投入生產。

　　中期方面——應重新修改和制訂新型工業政策，從引進製造業技術人才、廠房租金、進口設備，以及關稅等方面，予以在港落戶的新型製造企業各種優惠。還可從政策上支持和援助世界各地大專院校在港設立科技研究機構，建立生產基地。

　　長期方面——可在香港與中國內地接壤而尚未得到開發和發展的邊境地帶，投資興建一批標準廠房，並尋求香港、中國內地乃至世界各地的名牌企業為合作夥伴，在此落戶，創建新型製造企業。

《信報》　2003-09-10

重新檢視香港的比較優勢

香港回歸之後，政府和民間對香港未來的發展進行過許多討論，社會各界提出過不少發展設想，單以「中心」來說，先後提出的就有：產品發明中心、時裝設計中心、中醫中藥中心、資訊科技中心、多媒體資訊娛樂中心、電影製作中心、高增值產品和零件供應中心，以及科技人才及服務中心等等。

如果從比較優勢看，香港的西醫倒是有一定比較優勢，特別是在某些外科手術上，香港可以成為內地特別是珠三角一帶的醫療中心。另外，香港的醫療服務沒有形成規模，香港應有一批具有自主產權的外科手術，政府可以協助業界成立如青光眼治療中心、心臟病手術中心等專科治療服務機構，也可從國外引進專家；一個專家便可以帶動多個本地人就業。

毋庸置疑，香港對內地的比較優勢首先乃是作為一個自由港，按照一國兩制的構思，香港不單保持以往的資本主義經濟制度，更在原有的基礎上，不斷加強各方面的優勢。如作為亞洲主要的金融業務管理中心，香港匯聚了大量具有國際視野的專業精英，可以與中國內地省市的同業交流管理技術及經驗，促進內地金融業的發展。

特別是在中國改革開放的過程中，中央政府將會允許外商提高在內地公司的控股權，逐步開放對外國銀行經營人民幣業務的限制。顯而易見，在融資業務方面的競爭將愈趨激烈，企業合併、收購和重組等活動也將大幅增加。如果通過與香港金融界交流與合作，相信會加強內地與西部省市的競爭力，有助把握上述的各種商

機。另外，香港具有健全的法律制度、公平的營商環境、完善的市場監管制度，同時奉行自由市場原則，這些都是香港賴以成功的優勢所在。

可以相信，香港作為國際著名的金融、貿易和航運等中心，有非常開放的經濟體系和廣泛的國際聯繫，有同國際接軌的法律體制，有各種優秀專業人才，有優良的基建設施，只要緊緊抓住歷史的機遇，重新檢視和發揮原有的比較優勢，定能克服當前面臨的嚴峻困難，走出經濟困境，推動香港經濟最終成功轉型。

《信報》　2003-04-26

力保香港比較優勢

在歷經亞洲金融風暴、SARS 等多重打擊之後，香港競爭力仍然保持強勁，在全球名列前茅，受到國際專業機構的肯定。這對於某些認為「香港優勢不再」的妄自菲薄者來說，不啻是一劑清醒劑。當然，在全球經濟一體化日趨激烈的競爭面前，香港遏止競爭力下滑的最好辦法應是力保香港的比較優勢，提高應變能力。

香港對內地的比較優勢首先乃是作為一個自由港。香港奉行自由市場經濟，遵循特定的市場價值規律，具有健全的法律制度、公平的營商環境、完善的市場監管制度，這些都是香港賴以成功的優勢所在。

從香港作為亞洲主要金融業務管理中心來看，其匯聚了大量具有國際視野的專業精英，可以與中國內地省市的同業交流管理技術及經驗，促進內地金融業的發展。

回歸祖國後，香港與內地的經濟現互相滲透、互相依存，可謂「唇齒相依」，這是香港經濟發展不可忽視的「內地因素」。特別是當中國企業與國外企業在世界經濟舞台上處於同一起跑線時，企業的綜合素質和競爭能力就會成為企業能否立於不敗之地的關鍵因素。而香港經濟與世界經濟體系一向密切聯繫，香港的企業管理也早已同世界接軌，可擔當內地企業「走出去引進來」的重要增值平台，又可成為外資進入龐大中國市場的最佳通道。誠然，着眼於保持和發揮香港的比較優勢，是為了鞏固及提高香港長久的競爭力。由於經濟的結構性問題，香港正在逐步喪失原先的比較優勢，並面

臨着來自內地和全球經濟的挑戰。因此，政府應未雨綢繆，制定長遠的發展規劃。

　　筆者認為，除了以香港資金、信息、管理及市場等強項結合內地的低成本及科技力量實行優勢互補外，若能以香港市場的高度自由化配合內地政府強有力的「積極干預」，採取一系列共同促進產業發展的政策措施，充分發揮市場的作用，將能加快香港經濟結構調整，大大提升在國際上的競爭力。

　　香港作為國際性商業和金融中心，是個外向型國際城市，面對經濟全球化潮流，政府更應審時度勢，正確釐定經濟轉型升級的方向，建立起快速反應的決策管理機制，才能贏得市場，掌握市場競爭的主動權。

　　事實上，特區政府過往對於一些需要盡快調整的經濟政策有拖延現象，以致錯失某些良機。因此，建議特區政府設立專門的策略研究機制，及時地將社會各方面的信息和意見加以集中研究，經過去偽存真，取其精華，作為調整經濟政策的依據，繼而盡快地付諸行動。同時，在執行相關政策和措施時，亦須加強檢查和監管，提高施政透明度。

《文匯報》　2004-11-08

強化「香港製造」品牌

由香港中華廠商聯合會牽頭成立的香港品牌發展局，是一個按「市場主導、政府促進、社會支持」的模式組建的非牟利機構，應可協助業界創立、提升品牌，為香港品牌進入世界和中國內地市場提供重要的支援。

事實上，香港已有不少的名牌產品符合國際水準，如各類餅乾、蠔油、參製品、醬油，以及服裝、珠寶和金首飾品等，都達到國際水準，成為馳名世界的產品。但高檔次、高科技的香港品牌還不多。因此，要使「香港製造」的產品能在世界和內地的市場具有更大的競爭力，有必要及時地對創建香港品牌進行研究、培育、推廣和市場策劃，藉此亦可推動香港高增值製造業的發展，使之轉化為現實的經濟增長。

最近數年，香港工商界興起建品牌、創名牌的熱潮，中華廠商會近期完成的《會員品牌發展策略問卷調查》發現，百分之六十一企業計劃在一二年內進一步發展自己的品牌，其中百分之四十八點五準備把品牌引入內地市場。

CEPA 給香港產業重組帶來了新的契機。因此，特區政府應藉此良機，推動香港產業走高增值發展方向，強化「香港製造」的權威，力創更多香港名牌產品，為拓展國際市場和率先打開中國內銷市場打下堅實的基礎。

在目前日益激烈的世界競爭環境中，香港經濟面臨前所未有的挑戰，內部有經濟轉型問題，外部有競爭優勢流失問題，如不能

妥善因應，必將痛失競爭優勢，發展後勁難以為繼；因此，應通過綜合配套治理，進一步改善香港的投資環境，方能增強香港的吸引力，提高整體的競爭能力。

發展高增值製造業，擴建香港品牌，除了需要高科技專業人才外，還需要一大批高素質的技術工人。

政府首先應注重調整教育格局，培養多層次的中高級技術人才，盡快建立起一支香港高增值產業發展所需的勞動大軍；第二，應進一步檢討人口政策，制訂出新的人口政策，切實改善目前社會勞動力結構；第三，應以更開放的政策向世界各地及內地招聘高級專業人才，以應付高增值產業對各類優才的迫切需要；第四，政府在產業政策和法規方面亦應作出相應的配合，以適應經濟轉型和推動高增值產業的發展。

長期以來，本港製造業處於「自生自滅」的狀態，現僅佔香港區內生產總值的百分之五左右。如何扶持有潛質的本港企業，並吸引海內外投資者來港設廠，是值得特區政府作出具體規劃，並盡快加以部署和實施的。特區政府宜把握時機，以更優惠的條件吸引一些跨國企業來港生產品牌，或吸引國際品牌企業以香港為基地進行研究和開發新產品。

《信報》　2005-09-01

香港宜發展高技術產業

　　未來中國經濟將由「投資驅動」走向「創新驅動」，中國的產業將從引進先進技術到消化、吸收先進技術，再到創新技術和生產經營一體化。顯而易見，這將為香港的產業結構調整帶來新的契機，也使香港可為建設創新型國家作出貢獻。

　　在世界經濟一體化大趨勢下，高新科技競爭已成為國際競爭的焦點，而高技術產業須擁有廣闊的產品市場和集資渠道。中國內地的科研人才儲備豐富，人力資源龐大，中國又是一個資源大國，有着雄厚的製造業基礎。但是，與發達國家相比，目前「中國製造」的能力和技術水平尚不高，市場競爭實力亦不強。今後中國內地高技術產業將堅持體制創新與技術創新並舉，堅持引進和自主發展並舉，堅持高技術製造業和高技術服務業發展並舉，以提高產業核心競爭力為目標，積極發展對經濟社會有突破性重大帶動作用的高技術產業，超前部署戰略性新興產業發展，推動中國由高技術產業大國向強國目標邁進。

　　香港作為國際金融中心、信息中心、航運中心和商貿中心，資金雄厚，信息靈通，具有健全的資訊體系和將科技成果快速產業化、商品化的潛在能力，並具有對國際科技前沿態勢的識別、跟蹤與響應和發展能力，有利高科技產品的更新換代。特別值得關注的是，更緊密經貿關係安排給香港產業重組帶來了新的契機。

　　經濟全球化改變了世界經濟的格局，在世界範圍的激烈競爭中，香港原有的某些優勢削弱了，而新的比較優勢又沒有樹立起

來，這或是經濟轉型陷入困境的主要原因。自從實施 CEPA 後，對重振香港經濟，無疑提供了機遇。但是，要利用好這個機遇，還需要其他條件的配合。

中國內地高技術產業將要按照產業化、集聚化、國際化的方向，繼續做大，加快做強。國家重點實施若干高技術產業重大工程和高技術產業化重大專項，加快利用高新技術改造和提升傳統工業。特區政府和工商各界應在促進傳統工業升級至發展香港品牌的同時，積極地謀求與內地在高技術產業的重大專項上合作。同時，充分發揮香港中介角色的作用，幫助內地高技術產業「走出去，引進來」。相信由此將會形成新的產業鏈，帶動香港相關行業的發展，為振興百業注入新的活力。

政府應適時地調整產業政策、規例和機制，全力扶持和發展以高技術產業為主的多元化工業，並擬定短、中、長期的發展規劃。特區政府在調整政策、引進人才的同時，亦應充分調動各行各業的自主創新能力。在人力結構措配方面，可通過職業教育和技工培訓，提高一百多萬低技術、低學歷勞工的質素，自主地形成發展高技術產業的龐大生力軍，以適應經濟轉型需要。

《大公報》 2006-01-17

認真探討香港深層次矛盾

　　中央領導人提出，香港總體態勢是良好的，但在社會和經濟上仍存在一些「深層次的矛盾」未有得到根本解決。這些信息顯示出中央對港的誠意關懷，亦道出了中央對港語重心長的善意提醒。筆者認為，無論是特區政府，還是社會各界人士，都應深思中央領導人的寄語，認真地探討香港「深層次的矛盾」，以利準確定位，從而保持香港整體的競爭優勢。藉此方寸，筆者談談個人的一些看法，旨在拋磚引玉。

　　目前，香港社會面對的現實是，固然有不少世界一流的高精尖科技人才和產品，但在現有社會勞動力結構中，佔百分之四十六的勞動人口只有中三（相當於初中）或以下文化程度，這類人大部分是歷年被中學「會考」淘汰的年輕人（每年都有約十來萬投入勞務市場）。

　　由於在第二次經濟轉型時，香港未能及時進行產業結構調整，已逐漸形成了產業空洞化，而基層的服務業職位又繼續移至內地。因此，適合佔香港七成五社會勞動力的職位實在不多。雖然「自由行」等服務行業能推動就業職位的增加，可以吸收一部分低學歷的勞動力，但不可能完全解決「結構性失業」問題。反之，發展新興產業所需的高新技術人才和各行業的技工卻甚為匱乏。

　　目前全球經濟格局已發生了巨大變化，而來自周邊地區的競爭日益加劇。亞洲和世界其他地區及國家均看準了中國內地巨大的市場，紛紛作出經濟發展的戰略調整。因此，香港只有重新檢視所擁

有的比較優勢，盡快而準確地找到定位，提高整體競爭力，方能成功地推動香港第三次經濟轉型，突顯出作為中國一個特別行政區的獨特地位和存在價值。

此外，寡頭壟斷香港經濟的市場結構亦值得重視，這是百多年來殖民統治造成的。誠然，如果特區政府把公共產品交由經濟效率較高的市場來生產或經營，本是無可厚非的，但在社會民意越來越受重視的情況下，「公共資產私有化」的政策仍建立在以往一貫的「法理」上，是否會加劇寡頭壟斷香港經濟呢？

特區政府在解決香港社會和經濟「深層次的矛盾」方面負有不可推卸的責任。不過，在解決歷史遺留的根本問題時，切莫急於求成，而應面對社會現實，分清輕重緩急。在關注社會民生方面，可先推出應急措施，再檢視諸如人才資源、會考制度、社會保障等政策。在制訂經濟發展戰略上，則應把握機遇，適時調整政策，制訂短、中、長期發展計劃。

《文匯報》　2006-01-05

扶持香港中小企

　　據有關方面統計，香港的企業總數約有九成是中小企業，堪稱香港經濟的重要支柱，乃香港社會繁榮穩定的基礎。不過，由於歷史的原因，中小企業長期處於自生自滅的狀態，並逐漸走向式微。自香港回歸後，特區政府積極協助中小企業健康發展，推出「中小企資助計劃」，增加對中小企的撥款。中國內地市場的崛起和加速開放，特別是 CEPA 的實施，亦為香港的中小企開啟了廣闊的發展腹地，提供大展拳腳的舞台。

　　大力扶持香港中小企業有着深遠的意義，從長遠來看，將有效地促進香港經濟轉型。在新的經濟形勢下，推動香港經濟轉型，絕不能無視佔香港企業總數九成的中小企業，社會各界應關注中小企業的訴求。

　　筆者希望特區政府能盡快制訂出一套扶持香港中小企業發展的政策，在土地、稅收、金融、培訓、技術提升、資訊科技、環境保護和引進外地專才等方面訂出一系列具體措施，促進有條件的中小企業逐步轉向高增值、高技術產業，應對新經濟的挑戰。

　　香港過往有不少百年老店，亦深受港人和海外華人社會歡迎，食品類有李錦記、嘉頓麵包、天廚味精和美心月餅；中成藥有余仁生的烏雞白鳳丸，以及白花油和驅風油等。遺憾的是，隨着中國內地全面對外開放，歐美日等國的各種品牌打入內地市場，加上港商在開發方面的功夫做得不夠，香港產品在內地市場的銷量及市場佔有率已大不如前。因此，香港品牌的發展亟須由現時個別企業自

發、單打獨鬥的階段，邁向一個有效整合和協調發展的新階段。

品牌意識開始在香港業界潛移默化，並且被越來越多的廠商轉化為營商策略。「建品牌、創名牌」已成為中小企維持競爭力不可或缺的策略，並以此推動其朝着高增值、高技術方向轉型發展。這充分顯示，香港企業的品牌發展已進入一個充滿機遇的新階段。

從 CEPA 的現有條款來看，香港產品在內地市場比其他國家和地區、甚至比內地企業製造的同類產品更具優勢。因此，香港中小企應充分利用機會，緊緊把握爭取內地巨大消費市場的商機，積極擴大和建立自身的品牌，大力推銷香港產品，盡快使香港品牌在內地市場成為消費者的首選。誠然，這需要新一屆特區政府與工商各界聯手，加強兩地企業的交流和合作，以期把握機遇，求得共同發展。

寄望特區政府採納業界人士的建議，令香港眾多的中小企業藉機確立發展方向和加速技術升級改造，從而聚集至骨幹行業的配套生產，達到相互依存。

《香港商報》　2007-05-15

科技園是香港產業升級契機

　　2017 年 1 月 3 日，特區政府與深圳市政府簽署了合作備忘錄，落馬洲河套地區的 87 公頃產權清晰定為香港所有，並明確定位在落馬洲河套地區共同發展「港深創新及科技園」，其面積為香港科技園的 4 倍。

　　按照合作備忘錄，香港特區政府負責興建河套地區的基礎設施，平整土地後，由香港科技園公司的附屬公司負責建設和營運。這樣，可以充分依託兩地的人才與科技、金融優勢、稅收優勢，前景未可限量。

　　不可否認，香港基礎研究成果卓越，但是在科研成果轉化和科技產品制造環節一直缺失。對比之下，深圳科技創新能力發展迅猛，企業的應用研究成果卓越，並湧現出世界級的知名科創企業。但是，深圳本地科研型高校缺乏，基礎研究是深圳的短板。兩地若能優劣互補，以地理位置得天獨厚的落馬洲河套區為平台，着力發展和完善科技創新產業鏈，使科創產業成為香港新的經濟增長點，必定能進一步提升兩地的協同競爭力。

　　新規劃的「港深創新及科技園」，均適用香港特區法律和香港政府的土地行政制度；以公益為主，港深雙方均不會從中獲取盈利；雙方會以共同協商、互利共贏的精神處理各項事務。可以預見，「港深創新及科技園」，將有助將香港國際自由港的優勢和深圳科技創新產業優勢相結合，為兩地經濟發展注入新動力，加快香港傳統產業升級和多元化發展。

　　據統計，香港有 30 多萬家中小企業，佔本地企業總數逾 98%，合共聘用近 130 萬員工，佔全部私營機構的戶員近半。筆者建議，可有計劃、分期分批將部分優化升級的傳統產業，遷徙到河套區「港深創新及科技園」，加速發展香港科技創新產業，也能為年輕一代提供大量高質素就業機會，創造向上游的機會。以落馬洲河套區為平台，共同發展「港深創新及科技園」，將是香港傳統產業優化升級的契機。

　　「港深創新及科技園」將成為探索兩地科技創新合作模式的重要平台，內地與香港的合作重點體現在港深合作。深圳近年在創科上發展迅速，而香港亦擁有高度發達的資本市場運作經驗，以及完備的法律和專業服務，港深在創科上的合作，可以達致優勢互補，大有可為。同時，應結合「一帶一路」與自貿區的戰略，做好產業轉型升級的戰略佈局與規劃。

　　現時香港的科技基礎研究優勢和學術成果轉化不足，有關部門應考量以多種形式促進科研成果產業化，尋找更多的科研成果轉化機會。比如可從香港與內地大學的眾多科研成果中，選擇優質專案實施政府和社會資本合作模式，以期加速發展新產業。

《香港商報》　2017-01-16

香港競爭力不進則退

　　中國社會科學院公佈 2012 年《中國城市競爭力報告》，在兩岸四地共 294 個城市中，香港雖連續第十年名列榜首，但北京、上海和台灣的台北市緊隨其後，這說明香港的競爭力已被其他城市追近。

　　從七十至八十年代起，香港一直採用「積極不干預」政策，奉行「大市場、小政府」原則，讓市場自由發展，曾被外界視為自由市場的典範。然而，自 2008 年全球金融危機爆發後，世界各地掀起探討政府角色的廣泛討論。無可否認，金融海嘯暴露出自由市場的弱點，事實證明，市場會犯錯失效，市場並非萬能。

　　從 20 世紀 60 年代到 90 年代，韓國、新加坡、台灣和香港，在短時間內實現了經濟騰飛，跨入「新興工業化國家和地區」，被稱為「亞洲四小龍」。但此後香港在「積極不干預」政策下，蹉跎歲月，經濟轉型舉步維艱，發展速度大幅減慢。

　　香港應鞏固和提升香港的傳統優勢產業，大力扶持和發展高附加值的新興產業。另一方面，利用香港作為開放的平台，組合國際管理、技術以及大規模高水準製造技能、內地的市場等要素，發展高增值的新興產業。雖然香港目前並不具備發展創新科技產業的基礎條件，但在 CEPA 的背景下，香港通過與內地和國際的合作，依託要素創造和引入平台，經過不懈的努力，完全可以逐步培育起高增值的新興產業。

　　特區政府需要促進產業多元化，更主動融入內地經濟發展，以增強競爭力及可持續發展。香港不能單靠金融業生存，長遠來說，

大力發展新興產業是香港的當前急務。新加坡人口跟香港差不多，但在政府長期主導下擁有多元產業結構，既有旅遊休閒等服務業，又成功發展資本、技術密集型高端產業，近年經濟增長的速度和質量已超越香港。

　　香港應加強推動大學與產業的合作，因為科研成果需要善於利用，使之商品化，才能發揮最大效益。當中涉及「官、產、學、研」之間的緊密合作。筆者認為，香港的大學還應加強學科與產業需求結合，爭取學有所用，提高學生就業機會，同時令更多科研成果商品市場化，並培育出科技創新企業。應該看到，內地正在發展戰略性新興產業，香港可加強與內地的科研合作，這樣就拓寬了研究領域，甚至國防科技也可以進行研究。

《文匯報》　2012-06-13

發展高科產業加快轉型

　　國際金融危機之後，香港目前面臨的最大問題是如何尋找產業發展突破口。當務之急是要制定出一套切實可行的高科技產業發展戰略，盡快出台有利於產業發展的政策措施，尤其要在檢討人口政策的基礎上，加大海內外高科技人才的延攬力度，吸引他們來港創立高新科技企業。

　　特區政府帶領香港走出國際金融危機陰霾，走向復蘇。特區政府採取了一系列積極的措施，推動經濟的發展，在周邊地區經濟形勢好轉作用的帶動下，香港經濟擺脫了自 1998 年首季以來的持續跌勢。2010 年第二季度，香港本地生產總值取得 0.5% 的實質增長，標誌着香港經濟已走出谷底。

　　近期亞洲地區經濟普遍回升，許多國家和地區的經濟增長率和股市都恢復了增長，外匯儲備增加，利率和通貨膨脹率穩定，失業率下降，進出口貿易增加，金融危機時流出的資金開始回流，如：香港兩個主要出口市場美國和歐盟經濟形勢良好，美國經濟持續發展強勁，使全球在經濟危機中均受惠。

　　周邊地區經濟形勢好轉對香港經濟復蘇有重要的促進作用。香港對東南亞地區主要市場的出口貿易額已明顯回升，2010 年首季對日出口的跌幅也明顯縮小，對歐盟市場亦大致平穩，這證實了區內經濟體系愈趨緊密，互為影響的力度也愈強。可以預期，香港周邊地區經濟形勢好轉對香港的整體出口，無論是有形貿易和無形貿易都有促進作用。

　　香港應加快建設高新科技產業群，雖然這是香港最難走的一條道路，但卻能從根本上打造香港經濟持續發展的必由之路。另一方面，香港還可以運用自己在資本和市場推廣方面的優勢，結合內地在高科技領域的人才儲備與研發實力，共同開發最新科技，並將其快速產業化。因為內地在航空航太、微電子、納米技術和生命科學等眾多領域都有相當的研發實力。當然，由於核心科技的相對封閉性以及其他一些障礙，香港要借助內地的高新科技實力發展高科技產業說易行難，這就需要發揮特區政府的作用。只要香港拿出可行的合作方案，相信中央和內地研發單位是不會不支持的。

《大公報》　2011-01-04

香港應抓住海西發展機遇

2009 年，中央政府把福建省及其鄰近的廣東、浙江、江西三省部分城市劃為海峽西岸經濟區，並確定它的發展戰略。海西區二十一市在東南沿海連接長三角、珠三角兩大經濟區，面向台灣，戰略位置極其重要。

由於中央批准在海西區「先行先試」海峽兩岸交流融合的各項政策，加上強力的配套，海西經濟發展近年大大提速，相對於珠三角、長三角的落後局面將很快改變。海西的發展，既是祖國和平統一的需要，也是充分利用兩岸三地資源合理配置的必然選擇。

改革開放以來，兩岸三地形成密不可分的經濟有機體，內地以製造和生產成本取勝，台灣以科技研發見長，香港則以其國際貿易中心、金融中心的地位提供服務，相互合作創造了一個又一個的經濟奇跡，達致三贏。近年，內地經濟長足發展，但由於區域的不平衡性，對台港的優勢仍有需求，也就給香港延展優勢提供了機會。

目前，港資在海西區仍然是超過台商的最大外來投資；香港作為中國唯一的全球性城市，仍然佔據着中國服務業發展的高端。要把海西區真正建成聯通兩岸、服務周邊、具先進製造業、存留和弘揚中國傳統文化的成長區域，香港作用不可或缺。

海西區定位為國家重點開發區域，首先面臨一個高速擴張期，需要大規模的投資帶動，聚集勞力和資源，而招商融資方面正是香港的強項。福建省政府也提出了與香港搭建招商、基建、金融、貿易、旅遊、人才、物流和中小企發展等八個合作平台的建議。

隨着內地的飛速發展和兩岸三通的實現，香港對台中轉功能逐步喪失、海空港功能減弱、國際貿易給分薄、金融中心地位給上海追近，香港在兩岸三地全球化經濟價值鏈中的地位正重新構建。

如果香港不及早佈局「中國市場」，抓住海西大發展的機遇，搭上這趟快車，可能重犯若干年前廣東省政府要求香港合作，而香港冷淡對之，因而錯失太多機會的錯誤。

珠三角是香港與內地合作的核心區域，目前這區重點已是優化提升，而海西作為香港次核心合作區域，正需要延伸拓展，香港積極參與此區的成長過程，還有許多機會。在與內地的合作中，香港有 CEPA 和「9+2」的優勢，配合兩岸簽署的 ECFA，更利於擴展「香港服務」的優勢，大可以在與海西區合作搭建八個平台中發揮創造性的作用，努力在海西區再造擴展經濟的「根據地」，在港的百多萬閩籍同胞亦可在聯通兩岸三地中作出積極配合。

應該說，海西的發展需要香港，而香港也需要海西。合作共建海西，能延伸「香港服務」的空間，使香港市民分享到兩岸經濟合作、國家高速發展帶來的好處，真正體現「一國兩制」的生命力。

《信報》　2011-07-29

人民幣結算商機無限

2010 年 7 月 20 日，內地香港兩地簽訂了新《清算協議》，香港人民幣貿易結算服務取得了重大突破，對香港作為人民幣離岸結算中心有着極大幫助，且為本港金融業及商界帶來巨大商機。

目前，人民幣未能自由匯入及匯出，港銀取得人民幣的方法，是跟內地指定的清算行平盤，主要來自個人每日最多 2 萬元的兌換業務，以及企業跨境貿易結算。在新的《清算協議》下，上述規定雖仍保留，但卻放寬了人民幣投資產品，以及企業貸款和兌換不受限制，提供了新的巨大誘因鼓勵個人和企業更多地使用人民幣，可望大大增加人民幣在港供應。此外，容許銀行之間互相平盤，亦會大大提高人民幣在港流通，還有望形成在港的離岸人民幣匯率及利率市場。

人民幣投資產品的放開，無疑可吸引更多個人和機構持有人民幣。事實上，就在協議公佈之後，便有銀行即時推出或研究推出新的人民幣產品，例如外幣掛鈎存款和壽險保單等，前者可以吸引投資性的人民幣短錢，而後者的月供性質則可為銀行提供持續穩定的人民幣來源。

此外，港銀可經營人民幣企業貸款並互相拆借，存息亦勢可上調。這些因素都將刺激海內外資金轉換成人民幣並停泊留港。然而，由於內地資本帳目仍未完全開放，故產品研發僅能局限並建基於本港平台，要開拓以內地的股票、基金、官債和企債，乃至股指期貨等衍生工具為基礎的產品則依舊受限，金融創新的空間似大還

小。應爭取透過 QFII 等形式，擴大並開放在港人民幣資金投資內地。同時，同步擴大和開放 QDII，以產生泄洪效果紓緩內地通脹特別是樓市泡沫，將可進一步強化人民幣境外投資功能，並加速人民幣國際化的步伐。以上種種均可進一步推廣人民幣的普及通行。

香港金融發展的最大出路，在於與內地的金融合作。面對人民幣走向國際的歷史性機遇，充分發揮香港的金融優勢，大力發展人民幣業務，強化香港在內地金融走向國際進程中的橋樑作用，提升本港金融競爭力。同時，又能幫助維護國家的金融安全，加快建設國際金融中心的步伐，將香港建成人民幣的離岸中心。

內地進一步開放人民幣貿易結算，可以進一步確立本港金融中心的地位。重要的是香港要不斷完善自身的金融監管，並注重將區域性金融服務與國際金融中心發展互相配合，盡可能滿足區域性和全球性投資者對專業服務的需求。香港特區政府除了繼續加強金融市場的基礎設施外，還應制定相應的人力、入境政策，以降低人才來港的門檻，特別是要吸引內地金融專才，才能全面拓展內地業務。

《大公報》　2010-07-31

香港競爭力弱化不容忽視

2010 年 7 月 14 日，中國社科院發佈全球城市競爭力報告，香港排名雖較前次上升 1 位至第 10 名，但競爭優勢卻在不斷縮減，發展速度落後於許多城市，這敲響了本港競爭力弱化的警鐘。

反觀新加坡經濟增長競爭力大幅提高，以及上海綜合競爭力快速提升，本港確應保持高度危機感，善用在大珠三角區域經濟發展和兩岸四地經濟融合中的優勢，勵精圖治籌謀發展，避免在激烈競爭中被淘汰。

香港目前最大的問題是缺乏新的經濟增長點，而且偏重金融的產業結構，缺乏抗逆能力，令本港經濟經常大起大落。新加坡、韓國和台灣等周邊地區，在金融海嘯後競爭力迅速恢復和增長，主因是發展多元化的產業。

應該看到，國家優化經濟結構，就為香港服務業提供良機。香港服務業在一些領域具國際優勢，可為國家經濟結構調整和產業升級起推動作用。從區域經濟合作層面看，珠三角地區經濟融合蘊含巨大發展潛力。隨着《珠三角地區發展規劃綱要》和《框架協定》的頒佈及制定，與港珠澳大橋、廣深港高鐵等大型跨境基礎設施的建設，相信整個大珠三角地區新格局將會形成，重要的是香港應及時地把握機遇。須知，逆水行舟，不進則退，香港要有危機感和緊迫感。

筆者在全國政協第十一屆三次會議上曾呈交一份提案，建議中央挑選適合在香港發展的高技術產業的龍頭企業專案入駐香港，以

加強兩地科技創新整合，促進以行業龍頭企業為核心的產業對接，共同進行產業重組創新。

2008 年 9 月爆發的百年一遇國際金融危機，導致了全球經濟特別是主要經濟體呈現負增長態勢，全球貿易遭到沉重打擊。但也使全球經濟格局出現了一次大調整、大重組。總的來看，後危機時代除了要積極應對以外，更重要的是要把握這場危機帶來的機遇，使得在危機真正過去以後我們的綜合國力能夠上一個或者幾個大台階。首先，國際金融危機給我國加快經濟結構調整帶來了難得的機遇。由於外需大幅萎縮，為保持經濟增長，必須擴大內需才能彌補外需下降的影響，這就為調整內外需關係帶來了契機。香港作為國際大都會，在國家調整和優化經濟結構、轉變經濟發展方式中將大有用武之地。

《文匯報》 2010-07-31

重塑香港經濟競爭力

近年來，香港在全球乃至區域經濟棋局中地位相對下降，這是不爭的事實。但在討論香港經濟面臨的困難時，首先應冷靜分析長期以來制約香港經濟發展的條件，在多年來積累的比較優勢基礎上，重塑香港經濟競爭力。

香港經濟之於內地及周邊地區的比較優勢正在減弱。一方面，隨着內地經濟日益與世界融合以及兩岸關係的改善，香港的「中介」地位呈逐漸削弱之勢；另一方面，香港的產業結構未能及時升級，現有的主導產業面臨升級瓶頸約束，而內地及周邊部分地區的產業競爭力卻在不斷增強，這種此消彼長的經濟競爭形勢自然減弱了香港的比較優勢。

香港必須整合自己的競爭優勢，深挖內部潛力。從亞太地區的經濟競爭形勢來看，香港還是有一些有利條件可以充分利用的。香港回歸祖國後，背靠內地的區位優勢日趨顯著，這是周邊國家和地區難以企及的。某種意義上講，內地是香港經濟能否保持競爭力的關鍵因素之一，因為從內地擁有的資源和市場條件以及擁有的經濟成長空間來看，至少在未來 20 年內都將保持 6% 乃至更高的年均經濟增長率，其急劇增長的市場需求是任何經濟體都難以抗拒的。香港近水樓台，加上產業的大面積北移使得香港與內地的經濟日趨一體化，這是香港經濟重獲競爭力的前提之一。

國家將全面推動粵港澳經貿、基建、產業、人才以至文化的優勢互補，把大珠三角地區的深化合作提升到國家戰略層面，打造全

中國以至全世界具有最強經濟實力和核心競爭力的大都會圈。顯而易見，香港在加強與珠三角的經濟融合中，完全可以發揮作用。

　　建設高新科技產業群，這是香港最難走的一條道路，但卻能從根本上打造香港經濟持續發展的必由之路。當務之急是要在取得中央和內地的大力支持基礎上，制定出一套切實可行的高科技產業發展戰略，盡快出台有利於產業發展的政策措施。

　　另一方面，香港還可以運用自己在資本和市場推廣方面的優勢，結合內地在高科技領域的人才儲備與研發實力，共同開發最新科技，並將其快速產業化。因為內地在航空航天、微電子、納米技術和生命科學等眾多領域都有相當的研發實力。但香港要借助內地的高新科技實力發展高科技產業說易行難，這就需要發揮特區政府的作用。

《文匯報》　2010-08-31

香港需要培養新型青年人才

香港經濟結構轉型比較緩慢，百分之九十七的產業是服務業，產業過於單一。其次，香港經濟呈現「二元結構」，即高增值的產業低就業，而高就業的產業表現為低增值，這形成了中間層面的空心化，從事實業的人員少、產業工人少；而香港從事零售和旅遊業的僱員就有接近 50 萬人。

一直以來，中央和特區政府不斷為港青的未來創造更好的環境。從國家「十二五」及「十三五」規劃，乃至 CEPA、自由行、滬港通，中央政府從國家戰略角度對香港高度重視，不斷為香港的持續發展注入動力，為港青的未來發展奠定堅實基礎。同時，香港作為國際大都市具有很強的開放性，相互包容，不斷吸收不同先進文化，香港青年在日趨競爭激烈的時代，更應該努力提升自己的能力，提高自己的競爭力。

應改革香港的教育模式，制定培養多元化人才的目標，依據社會和學生的發展方向需要有針對性地拓展教學，注重培養應用技術型人才和應用複合型人才。高等教育應逐漸由精英教育向大眾教育轉變，致力於培養國際化、創新型人才。

現有的香港教育課程，沒有讓香港的青年人認同自己的國家和民族。因此，應將中國歷史、文化，以及普通話等作為必修課程，從而使香港青年人認識祖國、熱愛國家。

我國正在實施創新驅動型發展戰略，並把創新科技作為提高社會生產力和綜合國力的支撐點。香港在創新科技的投資和發展方

面，應該急起直追，因為在科技主導下，高質素和創新的工業尚有發展空間。香港的出路在於回歸自由市場的本色，推動創新驅動型的新經濟與社會發展，大幅增加科技教育和技術培訓投入，適時「招商」，吸引內地創新科技企業落戶香港，造福香港青年。

值得關注的是，從 2012 年起，內地方面試行了對香港學生豁免內地普通高等學校聯合招收華僑、港澳地區及台灣省學生考試（即「聯招考試」），內地部分高校可直接依據香港高中文憑考試成績擇優錄取香港學生。此舉吸引了許多港生北上就讀。他們中的不少人完成了在香港成長、內地成材，利用兩地優勢成功創業的過程。

日前，深港合作的國際化青年創新創業社區——前海深港青年夢工場正式開園，為香港青年提供了優厚的創業條件。特區政府應進一步研討，如何為處於不同發展階段的香港青年初創公司，為香港青年創業者提供實質性的融資服務、創業培訓、專案推介、開業指導、經營諮詢、跟蹤扶持等服務，探索出一套扶持香港青年創業的新機制。讓一些有志於創新、創業的香港青年人因此夢想成真，也為香港與內地的全面融合發展注入更多的活力。

《文匯報》 2014-12-17

實現香港可持續發展

近年來，在中央政府的支持與社會各界共同努力下，香港經濟逐漸走出低谷；當前，在整體國際經濟形勢仍存在很多不確定性的背景下，香港須加強憂患意識，繼續密切關注周邊環境，防止受到突如其來的影響，以實現香港經濟更好的、可持續的發展。

中小企是香港經濟的支柱。近年來，在「中小型企業委員會」的支持下，香港特區政府推出不少支援計劃，層面多樣化，例如借貸擔保、開拓出口市場提供出口信用保險、升級轉型、建立品牌、支援創業、技術研發及專利申請等。香港生產力促進局去年成立了「中小企一站通」，向中小企推廣及說明各項支援計劃。

香港中小企一向處境艱難，高租金是一大重壓。特區政府應採取進一步措施改善香港營商環境，冀加大調節樓市措施、降低租金等營商成本。

誠然，審慎理財不等於不作為。根據有關方面透露，特區政府目前正計劃實施大規模的開拓土地計劃，本港保持多年的財政盈餘狀況很快會被打破，未來數年也許出現赤字預算。不過，這是大舉投資性的舉措，其投入雖大，然而並非長期性支出。這些投入將令經濟擴容，政府稅收和民富程度均有望隨之提高。長遠而言，財儲不僅不會降低，還有望進一步提升。因此，只要堅持審慎理財宗旨，香港仍將繼續保持世界財政狀況最好地區的優勢地位。

政府應將香港「教育」提升到「國際教育」產業的發展高度，加大規劃、投入力度，利用發揮香港國際都會優勢，立足內地、國

外兩大市場，發展國際中學教育和高等學位教育，並配合香港整體產業發展的人才培養戰略。香港作為亞洲國際都會，年輕一代應具備國際視野，因此，政府可投入更多資源讓本地學生在海外交流時，可適度運用政府額外的撥款或資助。政府善用有限資源以增強大學生國際學習能力，提高他們的國際競爭力，將儲備用於人才培育，亦可鞏固本港人才實力。

　　香港是中國的一部分，但同時也是全世界最國際化的大都市之一；香港實施「一國兩制」，過去充分發揮「雙重特性」的優勢，取得了輝煌成績。現在香港面臨巨大的挑戰和機遇，應克服自身信心與經驗的不足，把握歷史機遇，努力切合中外投資者各自的戰略目標和需求，共同創造價值。

《文匯報》　2013-02-23

第七章

兩岸一家親 港台關係密

導　言

　　兩岸一家親理念，是習近平總書記長期倡導的對台工作理念，是新時期發展兩岸關係的一面旗幟，為新時期兩岸關係的發展指明了方向。兩岸一家親理念，是感召兩岸同胞認清兩岸關係發展狀況、根源與實質，着力於增強兩岸同胞對兩岸命運共同體與共同家園意識的認同。兩岸一家親理念是深化兩岸關係和平發展的根本動力，激勵兩岸同胞繼續踴躍參與到兩岸關係和平發展的大潮上來，能夠排除來自「台獨」的干擾和破壞，同心協力，推動兩岸關係進一步深化。兩岸一家親最終目標是兩岸同胞共同努力，共圓中華民族偉大復興中國夢。

　　作為兩岸關係的特殊組成部分，港台關係非常重要。台灣是香港第三大貿易夥伴，香港為台灣第四大貿易夥伴；近幾年來，台灣居民每年訪港超過 200 萬人次，是僅次於內地的第二大旅客來源地，同時，香港居民訪台 100 多萬人次。回顧歷史，在兩岸關係幾乎完全隔絕的年代，香港以其特殊的政治環境和條件，成為兩岸間接觸的中介地和中轉地，讓兩岸維持有限但重要的接觸和訊息傳遞；在兩岸交流接觸恢復發展初期，大量的交流接觸更是通過香港來完成；在兩岸交流不斷擴大、政治障礙亟待突破的九十年代初，兩岸也是通過香港達成了影響兩岸關係至深至巨的九二共識……在兩岸關係發展和國家統一進程中，香港的作用依然獨特、無法取代。

兩岸和平發展勢不可擋

——紀念《告台灣同胞書》三十周年感懷

2009 年元旦即將來臨，這是全國人大常委會《告台灣同胞書》發表三十周年的日子。時至今日，當我們重溫這篇文告時，仍感受到它巨大的感召力和震撼力。一封《告台灣同胞書》，確定了兩岸關係發展方向，兩岸關係從此進入了和平統一的新階段。30 年來，兩岸關係取得重大突破，逐步形成雙向、直接和制度化交流的格局。

從《告台灣同胞書》的發表，到「和平統一、一國兩制」方針的制定和實踐，直至「兩岸關係和平發展」新思維，兩岸關係終於出現了令人振奮的可喜局面。現在，兩岸同胞期盼三十年之久的直接「三通」終於實現，這是戰略性的重大突破，必將繼續對推動兩岸和平發展及祖國統一產生深遠的影響。

為台灣同胞帶來實惠

全國人大常委會的《告台灣同胞書》特別強調要「寄希望於台灣人民」。廣大台灣同胞、港澳同胞和國外僑胞熱烈擁護《告台灣同胞書》中所宣告的台灣回歸祖國、實現祖國統一大業的大政方針，為促進台灣回歸祖國的愛國統一戰線，積極地進行了各種活動和努力。就是台灣朝野中的不少愛國有識之士，也熱切贊同實行通郵、

通商、通航，進行雙方人員的各種交往，希望早日實現祖國的統一。

　　長期以來，中央持續的惠及台灣民眾的舉措，顯示了最大的善意，廣大台商和台灣民眾，都是點滴在心頭的。中央對台灣同胞的愛國主義精神給予高度信任，同時也對其因歷史原因形成的複雜心態，有了更為深入的了解與理解，明確提出「要尊重台灣同胞當家作主的願望和生活方式」。因此，照顧台灣同胞的利益更為務實、廣泛和深入。從制定《國務院關於保護台灣同胞投資的規定》《台灣同胞投資保護法》，依法維護投資大陸的台灣同胞合法權益，到有針對性地提出了許多實實在在惠及台胞的具體政策，這些舉動，不但充分照顧到了台灣同胞的利益，也極大地促進了台灣經濟的發展，從而推動了兩岸關係的進一步發展。

堅持一個中國立場

　　事實上，在《告台灣同胞書》發表三十周年之際，兩岸全面「三通」的構想已付諸實施。歷史潮流滾滾向前，從「葉九條」「鄧六條」到「江八點」和「胡四點」這些政策裏，看得出無論中共和政府的更迭及換屆，對台政策是一脈相承的，理論基礎都是以鄧小平同志「一國兩制、和平統一」的思想為精髓。三十年的事實雄辯地證明，不論風雲變幻，堅持這個政策一定可以達到預期的目的。

　　《告台灣同胞書》的最基本設定是「一個中國的立場，反對台獨」。但是，歷史總是在曲折中前進，在海峽兩岸統一則兩利，分裂則兩傷卻是人們的共識，統一是大潮流，任何力量都擋不住的。雖然，島內「台獨」勢力不時發出不和諧雜音，泛綠陣營的干擾破壞只會對他們自己的政治行情有所影響，但絕不會影響到兩岸關係和

平發展的大局。「沉舟側畔千帆過，病樹前頭萬木春」，兩岸關係勢
必沿着廣大民眾的願望和利益的方向發展。

建設海峽西岸達至共榮

　　2008 年兩會的政府報告中，特別提到支持海峽西岸以及其他
台商投資相對集中地區發展，受到與會人大代表的熱烈支持。這些
年來，與台海相望的福建省各級領導都把建設海峽西岸經濟區作為
落實科學發展觀的重要舉措，作為實現中華民族核心利益的一個具
體行動，帶動了各項事業的發展。去年福建 GDP 總量達到了九千多
億，各項指標都居全國前列，特別是財政收入增長很快。由此，閩
台貿易額五年翻一番，人員往來去年達七十七萬多人次。事實上，
國家已賦予福建許多惠台政策，如閩台農業試驗區、現代林業試驗
區、台灣農民創業園和台商投資區等，充分運用這些條件做好示範
工作，不僅對爭取台灣民眾，而且對推動海峽西岸經濟社會發展，
達至兩岸共榮具有極為重要的作用。

《文匯報》　2008-12-24

兩岸簽署 ECFA 意義重大

2010年6月29日,「兩岸經濟合作框架協定(ECFA)」正式簽署。該協議被外界普遍視為「大陸與台灣1949年以來達成的最重要的協定」。「ECFA」雖然是一份經濟協議,但其意義顯然超越了經濟。台灣媒體預言:「ECFA」的簽署必將使兩岸間各層面合作關係愈加密不可分,對台灣經濟、社會和政治的影響「既深且巨」。兩岸工商各界都非常關注「ECFA」的簽署,特別是港商、台商更想要挖掘和分享由「ECFA」帶來的巨大商機。

「ECFA」正式生效後,將提升內地企業拓展台灣市場的競爭力,也會加速台灣優勢商品進軍大陸市場,這對於大陸的進口生意來說也是大利好。根據「ECFA」的安排,雙方互降關稅,台灣競爭力較強的產品如化工原料產品、先進機械設備和電子產品等在大陸市場的競爭力會明顯增強,這對大陸企業來說亦是難得的商機。

對於「ECFA」將給台灣經濟帶來的好處,外界普遍認為是顯而易見的。台灣當局領導人馬英九此前多次強調,「ECFA」對避免台灣在亞洲經濟整合過程中「被邊緣化」有着重要的意義;「ECFA」是讓台灣經濟趁勢而起、一飛沖天的大好機會。台灣經濟可望因此迎來「黃金10年」。

日本戰略學家大前研一日前在台灣就「ECFA」進行專題演講時,更是用「為台灣精心調製的維生素」來形容「ECFA」。他指出,在國際金融危機後,台灣經濟迅速復蘇,成績亮眼,其中最大原因是與大陸貿易成功。他表示,從第三者角度看,兩岸簽署「ECFA」

絕對是正面發展，對台灣經濟將有很大的拉動作用，未來台灣有機會成為大中華區的樞紐。

　　長期以來香港扮演着台灣與大陸交流的中介橋樑角色，隨着兩岸簽署了「ECFA」後，將會給兩岸經貿發展、企業合作和金融服務業帶來商業機會，必將促進兩岸人流、物流、資金流和資訊流等經濟資源順暢對等，加速流動，給兩岸經濟發展帶來巨大商機。可以預見，「ECFA」的簽訂必將對兩岸相關產業發展起到相互促進的積極作用，並在全球經濟競爭中實現共贏。實體產業發展離不開金融業支撐，兩岸金融往來是兩岸經貿關係重要環節，推進兩岸金融往來正常化，有利於兩岸金融機構掌握「ECFA」的商機。在此新形勢下，如何尋求加強和促進香港中介轉型提升，密切港台關係，實在成為本港亟待回答的問題。其實，「一國兩制」下的香港，在發展與台灣的經貿關係上仍然擁有不可替代的獨特優勢。因此，本港應更加積極大膽和富有創意，充分利用「一國兩制」的優勢，在新形勢下令港台經貿交流合作進入新境界。

《文匯報》　2010-07-19

促進兩岸經濟交流與合作

　　海峽兩岸直航包機正式恢復，不僅使兩岸民眾的往來更為便捷，也促進了人流、物流和資金流的互動，還將帶動兩岸經濟發展和文化交流。同時，在兩岸社會進一步營造包容、祥和的氣氛。緊隨包機而來的，將是兩岸經濟的騰飛，兩岸全面、直接、雙向「三通」有望於不久的將來成為現實。

　　兩岸之間早已開始了局部或間接的「三通」。令人遺憾的是，由於執政的台灣民進黨極力阻撓，兩岸全面、直接、雙向「三通」遲遲未有實行。而事實上，由於經濟的低迷，台灣島內對「三通」的抗拒已逐漸減退。

　　兩岸直航包機正式恢復，對台灣旅遊、酒店、零售和餐飲業界將會帶來不少生意，有助台灣復與旅遊業、振興經濟。應該看到，兩岸經貿往來對兩岸各自的經濟發展都有利。因此，兩岸協商需建立經貿互動架構，增加兩岸經濟的垂直整合，使台灣能善用大陸經濟增長的動力，成為自身經濟發展的助力。

　　實踐證明，在改善和發展兩岸關係上應多務實。例如有關兩會復談、直航、三通、經貿合作、金融合作、陸客赴台、陸資購買寶島地產及股票等等。

　　筆者認為，中央在對台政策上可更具彈性、更富創新。首先，應幫助台灣振興經濟，使南部的農民受惠；還應利用福建省建設海峽西岸經濟區的時機，給予台商更多的發展空間。有關部門應繼續適時地充實、擴大惠台的優惠政策和措施，保護台商合法權益；繼

續協助台資企業搞好轉型升級和產業轉移，促進台資企業可持續發展。兩岸的產業，可以互補不足，融合發展，特別是在汽車工業、藥品工業、玩具工業、製衣工業、電腦和通訊工業等領域，可形成研究和發展的合作平台，提升產品的附加值和競爭力。

　　兩岸實現全面「三通」後，對香港的經濟可能會有一定影響。在這個轉變過程中，香港難免面臨一些挑戰。不過，只要港人自強不息，發揮靈活變通的特性，就有可能將危機轉為機遇。在兩岸實現全面「三通」的進程中，香港憑着獨特的優勢，可在中華大經濟圈中發揮重要的支援服務等中介作用，有利於拓展更多的商機及增強投資者的信心。不久前，香港立法會通過了無約束力議案，要求特區政府藉着台灣政局出現和平發展的重大機遇，在金融、經貿和旅遊方面推行積極措施。特區政府已作出回應，將更積極探討香港如何配合有關「兩岸四地設立自由貿易區」的構想，利用香港金融及服務業優勢，致力於惠及地區的貿易乃至整體經濟的合作和長遠發展。

《文匯報》　2008-07-09

「九二共識」推動港台關係發展

2012 年是兩岸達成「九二共識」20 周年,「九二共識」是兩岸關係的里程碑,即「海峽兩岸都堅持一個中國的原則,努力謀求國家的完全統一」。長期以來,香港在兩岸關係發展中有着非常特殊的地位和作用。特別是在兩岸經貿往來方面,香港和台灣的許多團體曾共同組團訪問大陸,通過香港了解大陸的有關方針政策。可以預見,在新形勢下,港台有望發展新型關係。

目前,兩岸兩會已恢復協商並達成十二項協議和一項共識,兩岸全面雙向直接「三通」正式成行。兩岸不再繞道香港而直接互動往來,使香港傳統的中介地位暫時有所下降,因此,香港亟需調整角色,以適應兩岸關係發展新形勢。表面看香港的中介地位似乎暫時有所下降,實際上為香港發展新型港台關係創造了重大機遇,且機遇大於挑戰。值得關注的是,兩岸「三通」推動兩岸三地經濟整合進入新階段,逐漸形成了「兩岸三地經濟圈」,隨着相互間資金、物流、人員往來更加頻繁,區域資源配置更加優化,香港在區域金融、服務中心等方面就會有更大的發展空間。

2010 年 4 月,香港成立了「港台經濟文化合作協進會」,下設「香港－台灣商貿合作委員會」;台灣成立對口的「財團法人台港經濟文化合作策進會」,下設「經濟合作委員會」與「文化合作委員會」,這兩個機構極大地推動港台關係進入全新階段。

香港只要能把握機遇,根據兩岸新形勢調整角色,推動轉型升級,在兩岸關係中的地位不但不會下降,反而將扮演更重要的角

色。應該看到，香港參與大陸經貿等互動經驗豐富，可發揮先行先試作用，為兩岸深化交流合作提供示範。

　　香港與內地簽訂的更緊密經貿關係安排（CEPA）已為台商參與兩岸海西經濟區建設創造了諸多商機。近年來，兩岸關係在許多領域發展順暢，香港居中做了不少工作，中央高度重視香港在兩岸關係中的作用。未來兩岸在處理陸客赴台自由行、陸生赴台就學、人民幣結算等議題時，中央仍會高度重視香港經驗，為香港放手處理涉台事務提供廣闊空間。台灣當局及民間亦期盼改善和強化與香港的交流，利用香港作為區域和國際金融、航運、服務中心的重要角色，為台灣參與區域整合提供平台。台灣民眾則希望通過與香港交流，豐富兩地互動內涵。香港實施的「一國兩制」，給台灣未來的和平統一予借鑒和鼓舞，對台灣起到一定示範作用。

《文匯報》　2012-11-01

不負光榮使命　推進祖國統一

2009 年 7 月 30 日，由香港各界人士發起的中國和平統一促進會香港總會在港舉行了成立慶典，其宗旨是：「廣泛聯繫和團結香港各界人士，高舉和平統一旗幟，堅持一個中國原則，堅決反對『台獨』；宣傳『一國兩制』的成功經驗，密切港台關係，深化港台交流，確保香港長期繁榮穩定；推動兩岸關係和平發展，促進早日實現祖國和平統一。」

把握兩岸和平發展主題

毋庸置疑，大陸要發展，台灣也要發展，發展需要和平的環境，發展也需要兩岸進一步深化交流合作。兩岸關係和平發展，實際上就是為將來的和平統一創造條件。這是中共對台政策的重要調整，這種調整符合台海關係的現實情況，更順應了台灣民眾求和平、求發展的主流民意，是務實解決台灣問題、積極促進祖國和平統一大業實現的最正確的切入點。顯而易見，大陸表現出的和平善意，以及促使海峽兩岸和平共榮的潮流，已使兩岸局勢呈現了和平統一、經濟雙贏的新契機。

不失時機拓展港台關係

促進港台關係的新互動，不僅符合兩地發展需要和民眾利益，

對兩岸加強溝通接觸、最終實現和平統一，也將發揮積極的推動作用。事實上，香港回歸祖國後，港台關係的性質已發生了重大變化，成為兩岸關係的特殊組成部分。在兩岸關係上，香港一直在扮演着舉足輕重而又十分獨特的角色，在保持兩岸民間聯繫、高層接觸，以及防止和反對分裂上起到了無可取代的重要作用。

　　令人欣慰的是，香港特區政府已經看到了兩岸關係發展的新局面和新需求，對港台關係及時作出了調整和推進。在去年十月發表的最新一份特首施政報告中，提出了多項新措施和建議，包括成立香港貿易發展局台北辦事處，為港台商貿合作提供更多協助和商機。同時，港台正在磋商分別成立「港台商貿合作委員會」及「台港經濟文化合作策進會」，透過民間機構加強雙方在商貿和文化等方面的交流。這些措施和建議，對推動港台關係將會起到切實有效的作用。

擴大深化兩岸文化交流

　　歷史事實證明，有着五千年歷史的中華文化，是中華民族富強崛起的軟實力。兩岸和平發展亦需要文化軟實力，而兩岸文化教育合作交流正是增強這種軟實力的具體表現。推動兩岸和平發展，軟實力和硬實力同樣重要，缺一不可。

　　兩岸文教交流有着深厚的歷史必然。中華文化源遠流長，瑰麗燦爛，是兩岸同胞共同的寶貴財富，是維繫海峽兩岸的重要精神紐帶。擴大並深化兩岸文化交流，才能增進彼此的了解，發展「文化合作新關係」。兩岸若能擴大文化層面的交流合作，除有利於兩岸關係發展、開創兩岸「和平發展」外，也能通過文化創意產業的合作，

獲得雙贏。

歷史洪流浩浩蕩蕩，「往者已矣，來者可追」。把分裂變成統一，是我們這一代人的光榮使命。剛成立的中國和平統一促進會香港總會一定要把握歷史機遇，不辜負中央領導的期望，努力做到廣泛聯繫和團結香港各界人士，積極推動海峽兩岸關係和平發展，宣傳「一國兩制」在香港的成功經驗，努力為實現中國和平統一大業作貢獻。

筆者作為中國和平統一促進會香港總會理事長，衷心期望港台各界朋友真誠地攜起手來，進一步開展兩岸商貿文化交流，共同為和平統一祖國、為中華民族的偉大復興，譜寫光輝燦爛的新篇章！

《文匯報》 2009-08-20

加強兩岸文化教育交流

　　推進兩岸文化教育交流，已成為兩岸有識之士的共同呼聲。兩岸只有加強文教領域的交流與合作，逐步消除影響兩岸文化整合的障礙，才能實現兩岸精神上的融合，乃至政治上的統一。

　　據學者分析，共同的歷史和文化是兩岸共有的財富，也是兩岸最大的利益交匯點。因此，兩岸可以藉文教交流增進彼此的互信，凝聚祖國統一的共識，實現價值觀的統一。目前，推進兩岸文化教育交流，實現兩岸文教整合已成為現階段兩岸有識之士的共同呼聲。

提高合作層級

　　早在 2008 年 12 月 31 日，國家主席胡錦濤在紀念《告台灣同胞書》發表三十周年大會上發表重要講話，提出發展兩岸關係，實現祖國和平統一的六點意見，其中第三條便是「弘揚中華文化，加強精神紐帶」。胡錦濤主席提出「願意協商兩岸文化教育交流協定，推動兩岸文化教育交流合作邁上範圍更廣、層次更高的新台階」。兩岸學者亦一致認為，兩岸民眾同根同源，共創中華文化，是推動兩岸關係和平發展的重要精神力量。兩岸只有加強文教領域的交流與合作，逐步消除影響兩岸文化整合的障礙，才能實現兩岸精神上的融合，乃至政治上的統一。

　　綜觀古今中外，文化的光大昌明莫不始於交流，基於教育。中

華文化的浩瀚大海，無疑也容納了台灣文化的滾滾川流。考古學的研究證明，台灣文化的源頭在大陸，「問渠哪得清如許，為有源頭活水來」。多元一體的中華文化包含了台灣文化，匯聚了包括台灣文化在內的各地域和各民族文化，形成了兼收並蓄和有容乃大的特質。

借鑒香港經驗

隨着中國內地改革開放不斷推進，香港的經濟和內地經濟的融合日益密切，且逐步形成了相當大的規模。學者認為，香港文化與內地文化的融合，其實在兩地經濟悄然整合時就已經開始了。過去，香港雖然只有五、六百萬人，但年產影片卻在百部左右，除了香港本地，還開拓中國內地、台灣以及東南亞和北美的市場。香港回歸後，當北京人民藝術劇院的表演藝術家帶着《茶館》等話劇來到香港時，卻也能在香港的觀眾中贏得空前的掌聲。在香港文化中心，長年舉辦中國水墨畫展，而距此不遠的香港文化博物館裏，則展出香港收藏家收藏的中國歷代文物。可以説，香港從來沒有離開祖國的文化。

長期以來，香港社會各界圍繞推進祖國和平統一大業，不斷擴大同台灣島內有關黨派團體、社會組織、各界人士和基層民眾的交往。兩地攜手努力，為加強兩岸文教交流和弘揚兩岸傳統文化作出了很大的貢獻。當前，全面推進和深化兩岸文化教育交流合作，是兩岸同胞的一致願望，是兩岸關係和平發展的迫切要求。同時，兩岸關係的改善與發展，也為拓展兩岸文化教育交流合作提供了更好的環境。

　　在新的形勢下，應當努力地促進兩岸文化教育等各項交流合作，擴大兩岸同胞的共同利益，厚植兩岸同胞共同的文化根基，增進兩岸同胞的手足親情，讓中華民族精神在兩岸關係和平發展的進程中煥發新的光彩，世代永遠傳承。

《大公報》　2011-02-25

把握兩岸「三通」之商機

2008 年 11 月 4 日，大陸海協會會長陳雲林和台灣海基會董事長江丙坤在台北正式簽訂兩岸空運協定、兩岸海運協定、兩岸郵件協定與兩岸食品安全四項協議。空運確定將採取兩岸建立直接航路，郵件方面也將採取直接通郵，加上早已開放的大陸直接投資，通郵、通商、通航的「大三通」將正式實現。

上述四項議題的解決，對於保持兩岸經濟穩定發展，應對國際金融危機對兩岸經濟的衝擊具有極為重大的影響，並將帶動兩岸關係發展進入新的里程。可以相信，隨着兩岸「三通」的全面實施，以及兩岸經貿合作的進一步發展，香港憑着獨特的比較優勢，只要能即時把握商機，加快發展多元經濟，必能在兩岸三地經貿合作中受惠。

兩岸經貿合作規模已十分龐大，「三通」首先可為兩岸的人流、物流提高效率降低成本，有利於推動兩岸經貿合作。特別是當流通更為方便時，將可開拓新的合作領域和模式。如開放大陸企業及人上到台投資，將改變過去投資的單向流動，為兩地企業打開在台灣島上合作的新天地。

「大三通」後，兩岸的產業可以互補不足，融合發展，特別是在汽車工業、藥品工業、玩具工業、製衣工業、電腦和通訊工業等領域，可形成研究和發展的合作平台，提升產品的附加值和競爭力。當然，「三通」的潛在效益並非朝夕間可全面浮現，還須有一個過程，如要建立基礎設施，協調法規政策，以及在技術問題上互相磨

合等，但假以時日必有成效。

　　誠然，兩岸經貿交往中仍有不少問題待解決：主要是法規政策的不同易生矛盾。現在，台方對兩岸交流仍有不少不合理的限制尚待消除，例如對台商赴大陸投資的限制，和對陸企赴台投資的限制等，都應逐步寬鬆，以營造更開放的交流環境。

　　筆者認為，兩岸應協商建立經貿互動架構，增加兩岸經濟的垂直整合，使台灣能善用大陸經濟增長的動力，成為自身經濟發展的助力。台灣也可通過大陸與東亞其他國家加強經貿合作。應該看到，兩岸經貿往來對兩岸各自的經濟發展都有利：大陸方面需要台灣的資金技術與國際行銷經驗；而台灣方面需要大陸的生產資源與市場，因此兩岸經貿合作是互惠互利的。

　　兩岸「三通」對香港的轉口貿易、旅遊和航運等行業可能造成一定的影響，但可能只是短期的，只要海峽兩岸和港澳地區關係加強，整體區域經濟必會有所增長。隨着兩岸經貿關係和人員往來日趨密切，以及兩岸經濟進一步發展，香港必能受惠，作為國際金融中心和服務業中心也能發揮更大效用。

兩岸和平發展　香港作用重要

香港一直扮演着兩岸互動的紐帶和橋樑角色，包括兩岸人員往來、海空航運通道、貿易中轉港、台商佈局大陸的資金調度中心、專業服務基地等角色。香港還是大陸對台展示「一國兩制」的重要視窗。

「九二共識」在香港形成

1992 年 10 月，大陸海協會與台灣海基會就是在香港進行對話，就如何在海峽兩岸事務性（公證書使用）商談中表述堅持「一個中國」原則的問題進行了討論。同年 11 月，兩岸兩會通過信函達成了「九二共識」，並於次年四月在新加坡舉行「辜汪會談」，成為兩岸關係發展的重要政治基礎。可以説，「九二共識」是兩岸關係的里程碑，即「海峽兩岸都堅持一個中國的原則，努力謀求國家的統一」。

香港在兩岸關係發展進程中始終具有極其重要的特殊地位，發揮着獨特的作用。特別是在兩岸經貿來往方面，香港和台灣的許多團體曾共同組團訪問大陸，通過香港了解大陸的有關方針政策。筆者認為，港台關係作為兩岸關係的組成部分，具有其特殊性，應為港台關係發展創造更為寬鬆的環境。比如邀請兩岸若干重要官員以官職身份來香港舉行政治會談，香港與台灣的城市結為友好城市，加強港台工商界和社團的交往等。

香港具促進兩岸交流優勢

　　香港一直扮演着兩岸互動的紐帶和橋樑角色，包括兩岸人員往來、海空航運通道、貿易中轉港、台商佈局大陸的資金調度中心、專業服務基地等角色。香港還是大陸對台展示「一國兩制」的重要視窗，尤其是兩岸兩會恢復協商達成十二項協議和一項共識後，兩岸全面雙向直接「三通」正式運行，推動兩岸關係邁上新台階。

　　隨着兩岸關係不斷緩和，港台間的資金、物流、人員往來頻繁，區域資源配置更加優化，逐漸形成「兩岸三地經濟圈」，港台關係發展出現新的契機，亦使香港在區域金融、服務中心等領域獲得更大的發展空間。事實上，中央始終高度重視香港在兩岸關係中的作用，高度重視香港成功實施「一國兩制」的對台借鑒經驗，為香港放手處理涉台事務提供了廣闊空間，港台關係近四年多來迅速進展，已是不爭的事實：港台公務往來平台（協進會與策進會）的建立與互動、兩地辦事機構的設立及更名，以及在多個領域達成的合作協議和共識。

　　和平發展是未來兩岸關係政策的最重要的內容，兩岸全面融合是大勢所趨。香港具有自由港、法制、資訊、金融、物流、旅遊、文化創意等優勢，可成為台灣進入大陸、融入東亞、佈局全球的重要平台。

　　近年來，香港把握兩岸關係及港台關係發展新形勢，積極參與兩岸互動，穩步推進對台關係，逐步實現轉型升級，在兩岸和平發展中發揮了重要作用。

港閩合作與兩岸三地經濟圈

閩港兩地交流歷史悠久，合作關係緊密。香港是福建最大的外商投資來源地、最重要的交易夥伴之一。香港有 120 多萬的閩籍鄉親，福建人的特點是「敢拚會贏」和「團結」，他們是香港與福建之間的天然紐帶，更是香港經濟發展、社會穩定的中堅力量。可以相信，在港閩籍鄉親一定能充分發揮橋樑紐帶作用，全力支持香港特區政府依法施政，積極促進閩港合作。

香港一直是兩岸互動的中介和橋樑，尤其在兩岸人員往來、海空航運、貿易中轉、台商投資大陸的資金調度，以及專業服務方面。目前，兩岸「三通」推動兩岸三地經濟整合進入新階段，以福建為中心逐漸形成了「兩岸三地經濟圈」，隨着相互間資金、物流、人員往來更加頻繁，區域資源配置更加優化。

福建省就閩港合作，提出繼續做好「雙延伸」推進工作，擴大在金融、物流、旅遊、文化創意、工業設計等領域的合作。「雙延伸」的概念就是將《內地與香港關於建立更緊密經貿關係的安排》（CEPA）政策向福建延伸，同時將《海峽兩岸經濟合作框架協議》（ECFA）中允許福建對台先行先試的部分向港澳延伸，推動落實港閩台優惠政策，促進港閩台的經貿發展。

福建省政府專門成立了「雙延伸」工作領導小組，制定推動這項工作的近期和中長期共 58 條政策內容，涉及金融、專業、商貿、旅遊、交通、科學文化和社會公務服務等 6 方面。

應該看到，福建面對台灣，是海峽西岸經濟區的主體，經濟發

展速度快，潛力很大，在兩岸經貿合作方面有着重要的戰略地位，比如廈門的服務業佔 GDP 超過一半，與香港的服務業有很多互補的地方，將來能全方位合作，開拓新的合作領域。事實上，香港特區政府一直很重視與福建的關係。在過去一年多時間裏，雙方高層已就閩港合作開展交流提出思路，並在此基礎上繼續探討，形成方向性的想法。繼北京、上海和廣東省後，福建將成為香港第四個有特殊經貿關係的夥伴省市，可進一步提升港閩兩地的經貿關係的特殊級別，未來雙方合作將上「一個新台階」。

《文匯報》 2014-02-03

兩岸服貿協議有利港台合作

2013 年 6 月，大陸海峽兩岸關係協會會長陳德銘與台灣海峽交流基金會董事長林中森在上海舉行兩會恢復協商以來的第 9 次會談，並完成《海峽兩岸服務貿易協定》的簽署。大陸市場空間廣闊，將為台灣業者進軍大陸市場帶來新的契機，提升台灣服務業競爭力，大陸老百姓也能享受到更好的服務品質，對雙方是互惠雙贏。

這是兩岸自 2008 年開始推動經貿正常化及自由化以來最具指標性的協議。兩岸服務貿易協議開啟了兩岸在傳統製造業之外，台商進入大陸內需市場的關鍵，對台灣具有實質效益。長期以來，香港在兩岸關係發展中有着非常特殊的地位和作用，特別是在兩岸經貿往來方面。《海峽兩岸服務貿易協定》的簽署表明台灣的服務業今後將進一步擴充大陸業務，可充分利用香港的現代化服務，配合發展需要，在兩岸關係發展中找到新增長點。

香港擁有獨特的區位優勢和深厚的港台淵源，始終是兩岸之間溝通、交流、合作的視窗、橋樑和平台。回歸祖國後，港台關係更成為兩岸關係重要又特殊的組成部分。港台兩地繼續保持和發展民間交往，保持和發展海運、空運直航，繼續保留台灣駐港機構。這些對於密切兩岸經濟文化交流與合作，加快人流物流與直接「三通」都起到了不可替代的促進作用。香港實施的「一國兩制」，也為台灣未來的和平統一予以借鏡和鼓舞，對台灣起到一定示範作用。

香港參與大陸經貿等互動經驗豐富，可發揮先行先試作用，為兩岸深化交流合作提供示範。香港當前正成為連接兩岸金融市場的

「大集市」，未來則將繼續在資本市場、資產管理、人民幣國際化等方面為兩岸金融發展發揮重要作用。

　　香港的現代化服務業擁有獨特的優勢。港台合作既符合共同利益，又順應時代發展的潮流，港台亦應全面提升兩地的經貿關係，增加港台政策的確定性和延續性。在中央的支持下，香港現在已可發展人民幣貿易結算和發行人民幣債券。以香港長久作為國際金融中心的經驗，相信可以在兩岸人民幣結算業務中扮演積極的角色。值得關注的是，兩岸「三通」推動兩岸三地經濟整合進入新階段，逐漸形成了「兩岸三地經濟圈」，隨着相互間資金、物流、人員往來更加頻繁，區域資源配置更加優化，香港在區域金融、服務中心等方面有了更大的發展空間。

　　港台兩地應該把握當前大陸和亞太地區發展的難得機遇，增強互信，更有效地推出一些能夠切實惠及港台民眾的安排，共創雙贏。

《文匯報》　2013-08-06

兩岸三地創新驅動互惠共贏

在內地改革開放歷程中，台資企業一直都扮演着重要角色，擔當投資建廠的生力軍，兩岸經濟關係也因此日益密切。

創新驅動是大勢所趨，是形勢所迫，實施創新驅動發展戰略決定着中華民族的前途命運。台灣是海島型經濟，市場非常小。如今世界面臨新的經濟全球化趨勢，互聯網的普及帶來信息化浪潮，再加上工業 4.0、人工智慧、物聯網等新技術的衝擊，很多產業鏈被重塑，原來的市場疆界正在消失。在這新一輪的全球化過程中，台灣企業一定要把握創新驅動發展的戰略機遇。

兩岸三地只有在和平的基礎上，企業家、學者、創業者才能夠安心地去發展。振興中華、民族復興，是兩岸民眾的共同願景。尤其是在當今的世界形勢下，兩岸三地更應共同攜手努力，通過經貿合作，加強人文方面的交流，互惠共贏，方能共圓中國夢。台商建議，大陸各地方政府，首先應始終堅持以市場化為導向，加快促進科技研究成果轉化；其次，發揮龍頭企業作用，推動產業集群發展。不妨採取更方便有效的措施，加快發展開發區，打造台商集聚、台企集中的平台。

新興產業合作是兩岸三地合作新熱點。當前，新一輪科技革命和產業變革正在孕育興起，世界已經進入以信息產業為主導的新經濟發展時期。未來幾十年，科技進步和創新將成為推動人類社會發展的重要引擎，基因技術、蛋白質工程、空間利用、海洋開發以及新能源、新材料發展領域將產生一系列重大創新成果。面對「互聯

網+」「中國製造 2025」等面向新興產業的戰略，兩岸三地企業家應攜手面對新經濟形勢，探討協同創新與共同發展的合作模式，促進經濟轉型、傳統產業優化升級。

　　香港以其獨特優勢，成為兩岸間交流的平台，香港與台灣兩地交往合作日益緊密，特別是回歸以來，特區政府積極推動港台關係穩定發展。據資料顯示，香港與台灣已分別是對方的第四大及第三大貿易夥伴，近 400 家母公司在台灣的企業在香港設有辦事處。顯而易見，港台經貿合作大有可為。

提升和強化港台關係

2010年香港成立了「港台經濟文化合作協進會」，與台方的「台港經濟文化合作策進會」共同搭建了互為對口交流協商的平台。兩地官員將以適當的身份，通過有關執政部門，交流和討論一些雙方都關心的公共政策事宜。雙邊的「商貿合作委員會」則會推動企業之間的互動。

港台關係要提高層次和全面發展，必須強化互補功能。如可借助香港政經的獨特優勢，在兩岸人民幣結算中發揮金融中心的作用；爭取香港的旅行社在內地經營赴台的業務，發展兩岸三地一程多站的航空及郵輪旅遊；由傳統上經貿性的中介角色，提升為兩岸政治和學術交流的中介角色。

提升和強化港台關係，有利於兩地優勢互補。如台灣在高科技產業的設計和研發方面有明顯優勢，而這正是香港的弱項，亟須與台灣企業合作，推動香港高新技術產業的發展。

港台搭建的新平台，可成為兩岸另一個政治溝通管道。香港曾是台灣對外經貿的重要平台，在兩岸實現直接「三通」後，香港雖然不再扮演傳統上經貿性的中介橋樑角色，但是對台灣仍然具有高度的戰略意義。一方面香港以其「一國兩制」的特殊性，對許多大陸台商提供經營與投資的操作平台；另一方面香港作為國際大都會和亞洲金融中心的地位，是台灣與亞太區域經濟連結的重要途徑和平台。

　　香港特殊的政治制度和回歸後實施「一國兩制」取得的成就，不僅可以繼續成為兩岸互動的橋樑，還可以展示「一國兩制」的示範作用。如果特區政府積極推動港台加強交流，將會使台灣和香港相互更有信任感，更有依賴性，以及更有雙贏的基礎，香港的中介角色也會進一步增強。

　　在兩岸和平發展、高層互訪和國際空間等政治問題上，香港可以扮演更積極的角色。在港台關係提升後，香港特區政府應改變保守作風，積極主動放寬某些人士的入境限制，特別是歡迎台灣的公職人員訪問香港。還可考慮進一步簡化港台兩地入境手續，積極籌劃港台互設機構，這是兩地關係發展的重要標誌，有利於雙方互信往來，也有助於為港台民眾提供更好的服務。香港長久以來在大珠三角區域的發展中擔當重要角色，與福建省的經貿關係也十分密切，借着香港具備 CEPA 的優勢和在廣東「先行先試」的新機遇，相信將可在港澳台和粵閩這個新的大經濟區內奠定重要的地位。

　　在過去兩岸關係的歷史上，香港扮演着重要的中介角色，起着交流及溝通的作用，尤其在兩岸關係停滯之際，香港是兩岸相互交流的緩衝地，也一直是兩岸人員經貿交流最為重要的中介地，更在經濟、文化等各方面維持華人社會的連繫。

《文匯報》　2011-03-24

推進港台關係實質進展

繼 2010 年 4 月 1 日香港成立「港台經濟文化合作協進會」之後，台灣方面於同年 4 月 2 日宣佈成立「台港經濟文化合作策進會」。

香港和台灣建立高層次的對口機構，是順應兩岸關係新格局和未來發展的一個必要舉措，除了定期舉行雙方官員交流接觸，增進互信了解之外，更重要的是借助港台「兩會」盡快籌劃磋商兩地經貿合作協議，簽訂包括港台全面性避免雙重徵稅、開放航權和逐步實現港台互免簽注等互利協議，大力推進港台關係的實質進展。

香港「港台經濟文化合作協進會」的成立，體現了中央對港台關係新發展的政策精神，對香港各界在兩岸關係和平發展與祖國統一大業上發揮特殊重要作用的期待，以及對港台關係邁向新階段的展望。

事實上，長期以來香港扮演着台灣與大陸交流的中介橋樑角色。隨着兩岸關係和平穩定發展，全面直接「三通」得以實現。特別是近日來兩岸經濟協議（ECFA）協商，雙方取得多項共識。在此新形勢下，如何尋求加強和促進香港中介轉型提升，密切港台關係，實在成為本港亟待回答的問題。其實，「一國兩制」下的香港，在發展與台灣的關係上仍然擁有不可替代的獨特優勢。本港應更加積極大膽和富有創意，充分利用「一國兩制」的優勢，在新形勢下令港台交流合作進入新境界。

港台政府官員直接溝通，能消除合作的障礙，有效地推動港台文化交流，合理地安排經貿合作，港台經濟才有望獲得重大的發展。

　　香港回歸祖國後，港台關係的性質已發生了重大變化，成為兩岸關係的特殊組成部分。在兩岸關係和平發展、香港保持繁榮穩定的大背景下，港台關係總體上保持健康和穩步地向前發展。香港與台灣加強經貿合作，雙方將實現共同發展。因為台灣需要香港的資金，香港需要台灣的技術，而香港與台灣加強合作，又有利於進一步開拓中國內地市場。

　　在「一國兩制」和基本法框架下，協進會的性質和活動以推動經濟、文化和貿易關係為主，但在推動港台關係的同時，也必將會在促進兩岸關係與和平統一大業中發揮特殊重要的作用，香港特區在兩岸關係中的獨特地位和作用確實是不可低估的。當前，香港特區政府宣佈成立此一新架構，是順應兩岸關係新格局和未來發展的一個必要舉措。建立高層次的對口機構，除了定期舉行雙方官員交流接觸，增進互信了解之外，更重要的是借助港台「兩會」盡快籌劃磋商兩地經貿合作協議，簽訂包括港台全面性避免雙重徵稅、開放航權和逐步實現港台互免簽注等互利協議，大力推進港台關係的實質進展。

《文匯報》　2010-04-10

港台可擴大合作空間

　　港台關係應從中國內地區域發展和大中華經濟圈的角度來探索機遇。長期以來，在兩岸關係上，香港一直扮演着舉足輕重而又十分獨特的角色，在保持兩岸民間聯繫、高層接觸，以及防止和反對分裂上起到了無可取代的重要作用。

　　香港有着獨特的經濟優勢，還有聯結兩岸的歷史淵源和區位優勢。特別是在文化交流方面，廣為吸納海峽兩岸文化精英匯聚香港，形成兩岸三地另一種形式的文化大融合。近一年多來，海峽兩岸關係實現了歷史性轉折，取得了突破性進展。海協會與台灣海基會三度會談，實現了兩岸直接「三通」，開啟了兩岸經貿往來正常化的進程。兩岸文化交流的擴大和兩岸經濟合作的深化，都將給香港提供新的發展機遇。

　　香港特區政府內部已經成立「促進港台經濟貿易關係督導委員會」，擬研究和統籌促進香港和台灣經貿關係的整體策略和實施規劃。同時，通過香港商界組織，成立「港台商貿合作委員會」，使香港與台灣的商界可以共同在中國內地以至其他地方尋找商機。應該看到，香港與台灣加強經貿合作，雙方將實現共同發展。因為台灣需要香港的資金，香港需要台灣的技術，而香港與台灣加強合作，又有利於進一步開拓中國內地市場。

　　加強港台合作須改善環境，首先要消除現存施政上的交流障礙。這包括進一步簡化雙方居民來往的簽證通關手續，簽訂避免雙重徵稅協議，以及開展學歷及專業資格互認談判等。在消除障礙的

同時，還要有實際的促進行動，包括安排半官方及行業代表機構到台灣設辦事處，以便就近提供資訊及推廣服務；組織官商代表團前往訪問；建立香港與台灣個別城市的協商機制；推動民間、行業間及企業間開辦論壇和會展等交流活動。香港的貿發局、生產力促進中心和旅遊發展局等相關機構，亦應制訂對台業務及推廣計劃，以便宣傳香港，促進雙方的企業和行業合作。

若要深化港台合作，香港特區政府應先有本港的產業發展藍圖，再按此制訂相應的港台產業合作指引和項目合作實施規劃。

除了上述的港台關係外，還應從中國內地區域發展和大中華經濟圈的角度來探索機遇。香港與珠三角，台灣與海西經濟區都是港台與中國內地發展的最直接聯結區域，跨境合作的前景看好。為此，香港應積極參與台灣與粵、閩的合作，如在珠三角及海西經濟區增強對台商的服務等，從而共同分享兩岸「三通」後帶來的成果。

《文匯報》　2009-06-29

增進兩岸中華文化認同

悠久燦爛的中華文化是兩岸的共同財富，是維繫兩岸民族感情的重要紐帶。全面推進和深化兩岸文化教育交流合作，有利增進兩岸對中華文化的認同。

有着五千年歷史的中華文化，是中華民族富強崛起的軟實力。兩岸和平發展亦需要文化軟實力，而兩岸文化教育合作交流正是增強這種軟實力的具體表現。推動兩岸和平發展，軟實力和硬實力同樣重要，缺一不可。

兩岸文教交流有着深厚的歷史必然，擴大並深化兩岸文化交流，才能增進彼此的了解，發展文化合作新關係。兩岸若能擴大文化層面的交流合作，除有利於關係發展、開創兩岸「和平發展」外，也能通過文化創意產業的合作，獲得雙贏。

儘管日本殖民者統治台灣長達半個世紀，儘管兩岸曾長期隔絕，但都無法改變兩岸共有的「文化基因」。台灣文化行政專業人士交流訪問團、台灣中南部地區文化界人士訪問團及台灣表演藝術專業人士交流訪問團，多次到中國內地交流訪問，並舉辦「海峽兩岸文化交流座談會」。台灣戲曲學院京劇團還到北京、蘇州、上海、廈門進行交流演出，取得了良好的效果。台北市交響樂團、朱宗慶打擊樂團、屏風表演班、台灣漢唐樂府等台灣優秀表演團體近年來相繼到中國內地演出，也深受內地觀眾的歡迎。事實說明，中華文化是兩岸共有的寶貴資產，我們要擴大並深化兩岸文化交流，增進彼此的了解，發展「文化合作新關係」。

在相當長一段時間，「台獨」勢力大肆推行所謂「去中國化」的政策，妄圖割斷兩岸同胞間的文化歷史血脈，這更說明加強兩岸文教交流的緊迫感和必要性。

隨着中國內地改革開放不斷推進，香港的經濟和內地經濟的融合，逐步形成了相當密切的規模。學者認為，香港文化與內地文化的融合，其實在兩地經濟悄然整合時就已經開始了。過去，香港年產影片在百部左右，除了香港本地，還開拓中國內地、台灣以及東南亞和北美的市場。香港回歸後，當北京人民藝術劇院的表演藝術家帶着《茶館》等話劇來到香港時，也能在香港的觀眾中贏得空前的掌聲。在香港文化中心，長年舉辦着中國水墨畫展，而距此不遠的香港文化博物館裏，則展出着香港收藏家收藏的中國歷代文物。可以說，香港從來也沒有離開祖國的文化。

香港被殖民者統治了一百多年，尚且保留了祖國文化，並對包括台灣的所有華人文化都有極大的包容性，實在值得借鏡。

中華優秀文化曾經創造了五千年燦爛文明，成就了泱泱大國的歷史地位，今天仍然是兩岸中國人共同實現民族富強的寶貴資源和強大動力。

《文匯報》　2009-07-14

宏揚華商精神　促進祖國統一

　　為堅決遏制台灣當局的所謂「法理獨立」，應最大限度地團結全世界炎黃子孫，尤其可以更廣泛地聯繫和發動世界各地的華商，全方位促使華商「回流」，參加以海峽西岸為主的家鄉建設，共同促進祖國完全統一。充分發揮香港的中介作用，有利於做好台灣民眾的工作，有利於加強與世界各地「華商」的聯繫。

　　從歷史學家的研究來看，「華商」經過了近千年的發展，應包括分佈在世界各地的華商和港澳台地區商人。有人這樣形容：「有海水的地方就有華人，有華人的地方就有華商。」自從鄭和下西洋開闢了中國通向東南亞的海上通道之後，大批華人遠渡重洋，遷居海外，他們克服了種種艱難困苦，逐漸地在當地生根落戶，並與其他友好民族一起，為其所在國和地區的進步繁榮作出了貢獻。如今，「華商」已成為世界經濟舞台上一支充滿生機的力量，為世界經濟發展發揮了重要的作用。

　　據不完全統計，全世界共有海外華僑華人6000多萬人，僅福建籍海外華僑華人就有大約1580多萬人，分佈在世界160多個國家和地區；而福建籍的港澳同胞約有120多萬人，台胞也有幾百萬人。他們之中不乏著名實業家、學者和各門類的專業人才。歷史學家認為，「華商」的形成和發展長達近千年，至今仍興盛不止，得益於他們在長期艱苦創業過程中，孕育和塑造了具有鮮明個性的「華商精神」。他們在事業發達之後，最先想到的是湧泉回報故鄉，也因此創

造了家鄉的輝煌。學者將「華商精神」定義為「吸收了中國優秀文化的商家精神」，這是中華民族精神的生動體現，也是實現中華民族偉大復興的重要資源。時至今日，在建設海峽西岸經濟區，促進兩岸經貿發展方面，實有必要大力弘揚「華商精神」。

充分發揮香港中介作用

值得提出的是，半個多世紀以來，香港在海峽兩岸的資訊流通、人員和貨物往來等方面發揮了中介作用，香港又是世界各地華商及其歸僑僑眷經常往來和定居的地方。香港回歸後實施「一國兩制」「港人治港」，不僅可以此垂範於台灣，而且可廣泛地聯繫世界各地的華商，促進兩岸經貿，推動祖國完全和平統一的進程。

香港拓展對台工作主要具備三大優勢：一是歷史形成的橋樑和中介地位。通過香港做台灣方面的工作，比較有迴旋餘地，可以減少政治色彩，也比較容易被台灣民眾所接受。二是廣大香港市民贊成和支持國家統一，反對「台獨」。特別是香港的大多數媒體和政黨在國家統一、反對「台獨」問題上的立場是大體一致的。這種政治和輿論環境對通過香港做台灣民眾的工作是有利的。三是香港社會各界與台灣及世界各地的華商有着千絲萬縷的人脈關係，不少工商界人士多年從事對台及全球貿易投資，在商務往來中與台灣工商各界人士的接觸都比較方便，因而對台灣的真實情況比較了解，亦能夠相對準確地掌握台灣民眾的心理走向和實際需要，有利於做好台灣民眾的工作，有利於加強與世界各地「華商」的聯繫。

五點建議冀中央研究部署

綜上所述，為進一步聯繫和團結世界各地的「華商」，本人提出以下五點建議，旨在拋磚引玉，以供有關部門研究參考：

第一、建議廣泛宣傳遍佈 160 多個國家和港澳台地區「華商」的創業史，可考慮以圖片展、電視專題等形式大力弘揚「華商精神」。同時，全方位地宣傳祖國改革開放以來的建設成就，特別是福建、廣東等僑鄉的風土人情及名勝古蹟。

第二、建議在北京、上海、廣州和福州等幾大主要城市及經濟特區舉辦有實際經貿項目的招商懇談活動，大力促進華商「回流」，參加家鄉的建設。

第三、建議國家表彰對投資家鄉建設有重大貢獻的「華商」，以及慷慨解囊捐贈和贊助各項公共設施和教育事業者。對有重大傑出貢獻的老一輩「華商」，可考慮在其家鄉立碑或鑄像予後人瞻仰。同時，可考慮通過舉辦夏（冬）令營、「聯歡節」和拜祖祭宗等一系列活動，加深「華商」新生代對祖籍國的了解，以進一步激發他們愛鄉戀祖的中國情結。

第四、建議加強對國家僑務政策的宣傳，特別是關於《中華人民共和國歸僑僑眷權益保護法實施辦法》的執法檢查情況。同時，盡快認定新一代回國人員身份的工作，以便有效地保護廣大歸僑僑眷權益，充分調動他們的積極性和創造性。

第五、建議充分發揮香港的中介作用，加強與包括台胞在內的世界各地華商的聯繫。可從兩方面着手：一方面可通過香港積極開

展與華商所在國和地區的經貿文化交流與合作。另一方面可積極向華商推介香港的投資環境、旅遊景點和文化生活，讓「華商」更全面和更客觀地了解「一國兩制」下的香港。同時，香港或可配合國家落實近年出台的一系列為台灣民眾謀福祉的政策，以及有效地保護歸僑僑眷權益，這需要國家有關部門加以研究和部署。

（注：此文為作者在全國政協十屆五次會議上的書面發言）

《文匯報》 2007-03-1

第八章

激濁揚清　　正本清源

導　言

　　國家主席習近平多次在公開場合提出「世界處於百年未有之大變局」，又提出「中國正面臨百年未有的大變局」。於中國來說，處於近代以來最好的發展時期，世界處於百年未有之大變局，兩者同步交織、相互激盪。

　　在「兩大變局」交相激盪下，香港也受到巨大深刻的影響。面對香港社會、政治、經濟、文化、社會生態發生的深刻蛻變，面對「佔中」和「港獨」的危害，應該直面問題，以史為鑒，面向未來，激濁揚清，正本清源，在梳理香港焦點、難點和危機問題的歷史源流與現實糾結的基礎上，揭示香港的錯綜複雜的深層次問題與矛盾，預見香港問題變化的發展趨勢。

以史為鑒　面向未來

—— 紀念抗日戰爭勝利六十周年

　　2005 年 4 月，全港 688 個團體和 343 位社會各界人士組成了「香港各界紀念抗日戰爭勝利六十周年活動籌委會」，為紀念抗日戰爭勝利六十周年，從六月份開始舉辦一系列紀念活動，包括大型晚會、圖片巡迴展，在港抗日游擊戰士及學者座談會、抗日遺址一天遊、抗戰歷史常識問答賽、反對日本篡史簽名等。有句名言道：「忘記過去就意味着背叛」。我們紀念抗日戰爭勝利是為了今天和明天，為了讓全人類共同維護和平，為了讓中日兩國人民世代友好，讓世界各國和睦相處，共同發展。

歷史悲劇決不能再度重演

　　眾所周知，六十多年前的中國處於貧窮積弱的境況，日本帝國主義藉機發動了全面的侵華戰爭，佔領了中國的半壁大好河山。侵略者所到之處，燒殺掠奪，無惡不作，造成幾千萬中國人的死傷。香港也曾被日軍佔領三年零八個月，凡親歷戰爭年代的老一輩人都不會忘記當年國破家亡的深重災難。戰後成長起來的年輕一代，應該對南京大屠殺、「七三一」細菌部隊等歷史史實並不陌生，但重溫六十年前的國難，可以讓年輕人以史為鑒，珍惜和維護今日的和平。特別是作為當年戰爭的始作俑者，日本某些政客和右翼團體仍

極力加以掩飾，並企圖篡改這段侵華歷史，這無異於繼續捅開中國人民未痊癒的傷口。在紀念抗日戰爭勝利六十周年的今天，我們應該清醒地認識到，歷史的悲劇決不能再度重演。

弘揚抗戰精神　提升綜合國力

另一方面，我們也應看到，日本侵略中國是其國內少數軍國主義分子發動的，不僅給中國人民帶來了災難，也使日本人民遭受浩劫，他們也是這場戰爭的受害者。戰後的日本民眾生活得以提高，這不是靠侵略，而是靠發展經濟實現的。事實說明，和平發展才是人民的福祉之所在。長期以來，老一代中國領導人都大力提倡中日友好，正是汲取了血的歷史教訓，以高瞻遠矚的政治目光洞察到，只有中日兩國人民和世界上一切愛好和平的人民團結起來，才能共同反對和制止給廣大人民帶來不幸的侵略戰爭。今日中國已經以改革開放的驕人成就屹立於世界的東方，抗日戰爭勝利六十周年了，中國更有能力向世人展示出一種大國的自信與寬容。

中國人民抗日戰爭在中華民族的解放史上是近代以來第一次取得完全勝利的一場戰爭。中國人民抗日戰爭亦是世界反法西斯戰爭的重要組成部分，中國人民為世界反法西斯戰爭勝利作出了巨大的民族犧牲和重要的歷史貢獻。因為中國抗日戰爭勝利至少取得了三大成果：一是台灣回歸祖國。一八九五年中日《馬關條約》將台灣割讓給日本，日本對台灣進行了五十年殖民統治，抗日戰爭勝利後中國才得以收回台灣。二是，清政府和列強簽訂的一百多個不平等條約，絕大部分都在抗日戰爭之後被除。遍中國各地的外國租界，都是在抗日戰爭勝利後收回來的。三是，一九四五年成立了聯合

國，中國以一個貧窮的國家，一躍成為聯合國安理會常任理事國，與美、英、法、蘇同享否決權，對世界和平發揮着舉足輕重的影響力。

毋庸諱言，從一八四〇年鴉片戰爭以後，一直到抗日戰爭爆發之前，中國的歷史是一部半封建半殖民地的歷史。抗日戰爭是中華民族覺醒的開始，從此中華民族才開始獲得真正的民族解放，這是中華民族長期英勇奮戰的結果。在八年抗戰中，全國各族人民、各個黨派和抗日團體、各階層愛國人士和港澳台同胞、海外僑胞，組成了最廣泛的抗日民族統一戰線，實現了空前的民族大團結，顯現出不畏強暴、不屈不撓、前仆後繼、同仇敵愾的偉大精神。這種精神被譽為「抗戰精神」，是屬於整個中華民族包括海內外華人共同的精神財富，值得我們世代繼承，並繼續發揚光大。

《文匯報》 2005-06-17

制訂「反分裂國家法」功在千秋

　　全國人大常委會第十三次會議審議了《反分裂國家法草案》，將提交於 2005 年 3 月 5 日召開的十屆全國人大三次全體會議表決後，成為正式法律並實施。全國人大常委會制訂《反分裂國家法》，相信可從法律上有效地打擊「台獨」活動，維護國家領土主權完整、促進國家的完全統一。這對維護亞太地區的和平與穩定，無疑有着極其深遠的意義，可以說是造福後代，功在千秋的重大決策。

　　反對「台獨」分裂進入法律層面，是現實的需要。眾所周知，中國迄今尚未完成統一，兩岸形成「隔海而治」的局面是歷史原因造成的，但並不能改變台灣是中國一部分的事實。中國政府為和平解決台灣問題進行了長期不懈的努力，這是世人矚目的。

　　令人遺憾的是，儘管中國政府一再作出和平談判的呼籲，表達出和平統一、「一國兩制」的善意和誠意，但台灣現領導人的「台獨」活動卻越來越猖獗，不僅在文化上「去中國」，而且更進一步在法制上推動「公投」台獨。在「台獨」分子企圖從法律上分裂中國國家主權的嚴峻時刻，全國人大常委會及時提出制訂「反分裂國家法」，順應了包括台灣同胞在內的全中國人民反對「台獨」的主流民意，

　　應該看到，發展經濟，改善民生，改善兩岸關係，乃是台灣民眾的最大利益之所在。台灣經濟對大陸的依賴程度日益加大，大陸因素對台灣經濟的影響日益加深。　台商投資大陸不但有助企業提高國際競爭力，所賺取的巨額利潤及所創造的貿易順差，亦成了支撐台灣經濟的重要支柱和動力。

　　台灣當局領導人一意孤行地推動「台獨」，已嚴重地影響了台灣經濟環境的改善。國際輿論指出，台灣當局不僅賠上了國際社會對其處理兩岸問題的信賴，又使台海變成全球最易爆發戰爭的地區之一，危害了亞太地區的穩定與和平，將令投資者望而卻步。業內人士認為，兩岸已經相繼加入世貿組織，兩岸經貿日趨緊密，現階段乃兩岸共同發展，實現中華民族偉大振興千載難逢的機遇。因此，國家及時以法律手段堅決遏制「台獨」政策，可有效保障兩岸經貿融合順利地發展。

　　雖然《反分裂國家法》適用範圍不包括港澳特區，而是針對「台獨」勢力的分裂活動，但香港作為中華民族大家庭的成員，理應旗幟鮮明地反對分裂國家。「台獨」活動加劇勢必危害港澳地區的穩定，作為中國一個特別行政區的公民，反對分裂國家、共同促進統一應是義不容辭的責任。

《文匯報》 2005-01-03

中美貿易摩擦令香港經濟蒙陰影

2018 年 3 月 22 日，美國總統特朗普簽署備忘錄，基於美貿易代表辦公室公佈的對華 301 調查報告，指令有關部門對華採取限制措施，包括對從中國進口的商品大規模徵收關稅。

作為最大的發展中國家和最大的發達國家，中美擁有全球最大的市場，兩國人口佔世界的份額為 23%，經濟總量佔世界的份額約為四成，貿易約佔全球的四分之一，對外投資和吸收外資約佔全球的三成，雙方互為最重要的貿易夥伴。美國突然挑起中美貿易摩擦，令人匪夷所思！

中國香港是全球最自由經濟體，主要的轉口貿易口岸，美國的第十大出口市場。目前有 1,300 多家美國公司在香港建立業務。同時，香港的法律、財務、資訊、科技以及諮詢業的專業人士，還能協助美國和其他國家的中小企業在亞洲建立業務聯繫。可以說，香港將世界上最大的兩個經濟體美國和中國有效地連接起來，是美國公司通往中國乃至亞洲市場的捷徑。

中美貿易戰全面打響，勢令背靠祖國內地的香港經濟前景蒙上陰影，其中香港轉口貿易更是首當其衝，貿易物流相關行業更將成為貿易戰的重災區，而銀行的企業貸款質素會否逐步轉壞也備受關注。

中國政府一再表示，談判大門是一直敞開，中國願意就貿易問題與美國本着相互尊重和平等互利原則下溝通、談判。不過，目前首要是美國須撤銷所有單邊貿易保護措施，並且尊重世界貿易組織

規則，進行磋商、化解分歧，這才是促進貿易平衡的正確之道。

在中美經貿合作中，美方是受益的，總體上雙方互利共贏。美中貿易全國委員會曾發佈的一份報告顯示，中國商品出口到美國，使美國物價水準降低了 1 至 1.5 個百分點。截至 2018 年 6 月，中國是美國第二大貿易夥伴、第三大出口市場和第一大進口來源地，美國出口的 26% 的波音飛機、56% 的大豆、16% 的汽車、15% 的集成電路目的地是中國。正如中國駐美國大使崔天凱表示的，中方明確反對任何單邊貿易保護主義行為，這樣的行為會傷害包括美國民眾、公司企業和金融市場在內的所有各方的利益。

打貿易戰沒有贏家，對於存在的貿易不平衡問題，中美雙方應通過做大增量促進貿易平衡，堅持談判協商化解分歧摩擦，否則對兩國、對世界都不利。

據中方統計，中國貨物貿易順差的 59% 來自外資企業，61% 來自加工貿易。中國從加工貿易中只賺取少量加工費，而美國從設計、零部件供應、行銷等環節獲利巨大。中方願意更多從美進口，但美方須做好增加對華出口的準備。據透露，中美兩國政府對話正在進行，業界人士認為，應通過對話進一步縮小分歧，解決爭端。相信國家領導人有能力、有智慧化解這場中美貿易摩擦！

《文匯報》 2018-04-02

香港應對貿易戰之道

2018 年 7 月 6 日，美國開始對 340 億美元中國產品加徵 25% 的關稅，中美貿易戰升級。

2018 年 7 月 7 日，國務院總理李克強在保加利亞出席中國—中東歐國家第八屆經貿論壇開幕式並致詞。他強調，中國最近宣佈了一系列擴大開放的舉措，是基於自身發展需要，不會因為一些外部因素的變化而改變，這將給世界各國帶來巨大的市場機遇。專家指出，面對全球貿易格局正在發生的變化，當前最好的應對之道，就是危中尋機，「危機的另一面是變局與商機」。

香港從事轉口貿易超過 150 年，內地和美國都是香港主要的貿易夥伴。若擴大關稅清單至消費品，將會對以香港作為轉口貿易及在內地設廠的港商帶來較大影響。

後，為對沖利淡影響，中國買家正在全球尋找新的替代源。巴西、加拿大、澳洲、越南、歐盟等國家或地區將成最大受益者。其中，已有多國順勢增加對華出口，甚至瞄準了原來美國佔據的高端市場，所涉及領域包括農產品、汽車、水產、化工品、醫療器械、能源等行業。面對中國內地 13 億人口的龐大內需市場，其對全球各類優質產品需求與日俱增，香港的轉口貿易結構似應有所調整。

美國的大學匯集了全球 70% 以上的諾貝爾獎獲得者。全球十大科技頂尖公司，美國佔據了 8 家。值得一提的是鄰近的新加坡，它已不僅是與香港一樣的金融和貿易中心，在科技和工業上下的功夫比服務業還要多。新加坡製造業現有四大支柱產業：石化、電子業、

機械製造、生物醫藥，是世界第三大煉油中心和石化中心。新加坡對新興產業的謀篇佈局，值得香港借鑒！

香港作為中國的一個特別行政區，在中美貿易戰之下，不可能不受到影響。但貿易戰的影響絕不可能僅限於轉口貿易，首先無可避免地要涉及金融。作為一個自由開放的金融中心，香港應預早評估，保障自身金融安全。

中美貿易戰既然是一場對國際體系產生巨大影響的事件，那麼中國無可避免地要爭取更多的國際合作，共同應對美國非理性行為帶來的挑戰。香港作為中國的一個特別行政區，在中美貿易戰中，或許可以發揮其他地區沒有的獨特優勢。

從目前的形勢來，加強與歐盟及東盟國家的合作，應該是較好的選項。香港如果能促進西歐國家及東南亞國家與中國的合作關係，對於國家應對中美貿易戰，會有幫助。

特區政府已下決心與內地加強合作，共同打造「大灣區國際科技創新中心」，此舉將進一步提升香港的國際競爭力，對香港未來的發展會有很大的益處。

《信報》　2018-07-18

「佔中」重創香港營商環境和競爭力

反對派發起的「佔領中環」非法行動，蔓延至港九各區，嚴重影響市民日常生活和政府服務，嚴重擾亂社會秩序，影響香港經濟民生。社會各界齊聲呼籲「佔中」搞手須立即終止所有佔領行動，還香港秩序和安寧，讓香港早日擺脫「佔中」的危害。

顯而易見，「佔中」嚴重破壞了香港經濟發展和國際形象，已重創香港的營商環境和經濟競爭力。金融業如今已是香港當之無愧的首要支柱產業。香港的金融市場成熟，擁有完善的金融體系，興旺的證券市場，活躍的外匯交易市場以及國際化的銀行業，已是名副其實的國際金融中心，也使香港成為國際銀行網點最集中的地區。

反對派選擇此國際銀行最集中的地區發動「佔中」，造成極其嚴重的國際影響。全球三大國際評級機構之一的惠譽信用評級亞太區主管安德魯‧科爾克奎恩指出，儘管「佔中」短期內的影響還很難說，但如果長期持續，將對香港經濟和金融系統產生實質影響，也會對香港的國際信用評級產生負面作用。

長期「佔中」必然威脅香港營商環境，打擊經濟競爭力，損害國際地位和形象。事實上，「佔中」令零售消費市場均受牽連，不但供應鏈受累交通阻塞而被切斷，商品食材等無法有效補給，需求及生意亦見銳減。外資來港的決定或被迫延遲押後，甚而考慮轉投其他地方，畢竟市場本來最擔心的是不明朗因素，而長期「佔中」將是最大的隱患。

香港早已是遠東乃至全球越來越重要的旅遊勝地之一。旅遊業

成為香港重要的支柱產業和第二大外匯收益行業。香港直接與旅遊業相關的員工達 25 萬人，再算上關連行業，數量可能達 100 萬人。「佔中」造成香港多個地區一片混亂，旅遊業首當其衝受影響。

　　由於「佔中」引發香港多地社會秩序混亂，在內地國慶「黃金周」，香港失去了約四成的內地遊客，零售服務業以至其他相關產業都受到牽連。隨着金融、經貿、旅遊業的衰退，其他行業亦會隨之下滑。希望「佔中」示威者考量香港的未來，為香港的經濟發展着想，為港人的民生福祉着想！

《文匯報》　2014-10-08

香港應息政爭謀發展

　　香港經濟的深層次矛盾正在顯現，競爭優勢開始弱化，發展經濟是當前香港的首要任務，應切實把握機遇，爭創新優勢。香港確實沒有內耗的本錢，香港的經濟也不能脫離國家經濟發展的帶動，港人應放下心結，明白並面對現實，把握內地的發展機遇，否則難免被「邊緣化」。

　　香港社會紛爭不斷，其實已自我貶值，這完全無助於香港提升競爭力，只會被區域競爭對手「越拋越遠」。香港經濟結構較薄弱，經濟必須轉型，而要全力發展香港經濟，一個穩定的社會環境很重要，應切實加強特區政府的有效管治，團結一切愛國愛港力量，才能令社會不會因不斷內耗，錯失難得的經濟發展機遇。

　　香港今後的經濟出路，應是發展高端的服務業，把服務向內地輸出，更要與內地做到差異有別，即是集中力量於內地做不到的領域，對於內地做到的領域，香港則應研究怎樣與內地配合，例如協助內地的有關產業，由低檔次走向中檔次。香港還應與廣東珠三角進一步合作，也是未來發展香港經濟重要的出路。因香港自身腹地不夠，只有與廣東珠三角聯手，才能增強香港競爭力，足以參與區域競爭。

　　香港總體競爭力下降，競爭成本、服務便利程度、社會氛圍都會影響香港的核心競爭力。同時，周邊地區的突飛猛進都構成對香港競爭力的挑戰，香港不進則退。當今世界全球化加劇，城市之間直接競爭的是綜合實力，體現在生態、社會、文化、教育這一系列

可持續領域的結合。

　　香港不應再只「吃」金融、地產、服務業的「老本」，須推動創意產業、創新科技產業發展，推動香港成為國際知識產權貿易中心，一方面為年輕人創造就業和創業的機會，協助港商轉型升級，也為國家的發展作出貢獻。

　　近日，香港特區政府舉辦「家是香港」「活力香港」的系列活動。在這個主題之下，有大量文化藝術和體育康樂活動，目的是促進香港活力與多元化。筆者認為，這個創意很好，有助於促進香港社會的和諧，有助於提高港人的自信心。在發展香港經濟上，也應該發揮獨特優勢，朝着多元化方向發展。「天行健，君子以自強不息」。香港人一直努力不懈，這是不爭的事實。歷史證明：香港的確充滿活力。在經濟上固然如是，在體育、文化等方面，也可以看到港人在不斷追求新的探索、新的追求。希望港人能繼續團結拚搏，再創美好的明天！

《文匯報》　2013-05-04

社會各界聯手抵制「佔中」

最近反對派人士正在醞釀「佔領中環」行動，即佔領香港中環金融商業區，以違法手段爭取所謂「真普選」。這種做法實際上阻礙了普選順利推進，與香港一貫講求法治的核心價值背道而馳，而且將損害香港營商環境，削弱競爭力，衝擊香港正常的社會秩序。香港是個法治社會，一切都按法律和規則行事，因而才能令社會井井有條，管理有序，成為一個繁榮的國際大都市。社會各界必須聯手抵制違法「佔中」。

香港一直以法治稱譽世界，各地的資金、物資才有信心匯聚而來，使香港經濟保持繁榮。香港的成功，有賴於港人長期堅守道德理性、民主法治、公義和平的核心價值。

「佔領中環」行動試圖以社會行動推翻香港《基本法》的相關規定，嚴重衝擊香港的憲制基礎。應該看到，中環作為香港金融中心的所在地，「佔領中環」勢必損害香港金融中心運作，不符合香港講求法治的核心價值，將極大地影響香港市民、中小企利益，損害香港的公共利益。在法治軌道上推進民主，是香港的主流民意和核心價值。

不可否認，香港經濟的深層次矛盾確實正在顯現，競爭優勢開始弱化，發展經濟、改善民生應是香港當前的重中之重。國家經濟正處在大發展時期，如果香港不能夠及時把握這個千載難逢機遇，機會可能將失去。一旦出現癱瘓中環的違法行為，大批中小企或成受害者，將對香港經濟造成不可估量的影響。據香港商界民意調查

公司不久前進行的一項民意調查顯示，在被訪商界人士中，約 75%
反對「佔領中環」行動，認為會影響和破壞香港的營商環境，損害
香港營商環境，降低競爭力。

　　「佔領中環」的行為將會影響全球投資者來港投資。據悉，已有
以中環為總部的跨國金融機構、商貿企業，着手評估「佔中」將對
營商環境帶來的負面影響，作好「撤離香港」的最壞準備。

　　任何爭取利益的手段都必須合法，否則就會變成犯法行為。以
爭取「真普選」為名，試圖「佔領中環」，進行違法的政治抗爭，實
際上阻礙香港「普選」順利地推進，將導致香港政改停滯不前。

《文匯報》　2013-05-30

「佔中」引「台獨」是危險傾向

　　香港某些人附庸外國勢力搞「佔中」，更公然拉攏「台獨」，企圖將破壞國家統一與安全的「台獨」勢力引入香港，這種行為危害性很大。顯而易見，某些人搞「佔中」的真正目的，在於以香港金融中心為賭注，進而「挾台獨以自重」，給中央政府施加壓力，以此來滿足某些人的政治野心與政治利益訴求。

　　「台獨」是整個中華民族都堅決不容許的事，無論是香港人，抑或是台灣人都不會支持。兩岸早日實現和平統一，是香港人和全球華人的共同心願。

　　經過包括香港人在內的中國人民長期艱苦的抗爭，直到 1997 年 7 月 1 日，香港終於回到祖國的懷抱！回歸後，香港實施「一國兩制」「港人治港」，港人才真正當家作主，有了普選的機會。香港《基本法》第 45 條清楚列明：「香港特別行政區行政長官在當地通過選舉或協商產生，由中央人民政府任命。」香港某些人一直假藉民主之名，但在普選政改討論中，行的卻是不民主、反民主之實。香港社會各界應堅決阻止「佔中」，更應團結一致堅決地反對引入「台獨」！

　　「一國」原則是香港落實普選的前提，中央對香港實施「一國兩制」的包容度很大，但絕不容許變成「港獨」，這是「一國兩制」的紅線。以「港獨」「台獨」來挑戰「一國」，其後果必然是破壞「一國兩制」，將香港的普選引向絕路，可能導致 2017 年香港的普選無法落實。

　　香港的民主是來自中央的賦予。在香港以所謂民主挑起對抗「一國兩制」、對抗中央的舉動，完全不符合香港《基本法》。香港民主發展的必由之路，就是在「一國兩制」的基礎上，按照香港《基本法》及全國人大常委會的有關決定，以「五部曲」程序，實現政制進一步改革。香港政改一旦牽涉到「台獨」分離主義，就會變得極為複雜，可能搞垮香港今後的發展。

　　為了香港的明天、為了實現港人真正的民主，香港政改討論必須盡快地回到正軌上，不要繼續被人牽着走向死胡同。香港某些人發起的「佔領中環」肯定是歪路，而引入「台獨」勢力更是絕路，不僅會令香港政制發展寸步難行，普選夢破碎，還將破壞香港的整體利益，危及國家安全。香港工商界早已表達對「佔中」癱瘓香港的憂慮，此次香港某些人搞「佔中」引入「台獨」來港，更是讓香港工商界人士憂心忡忡、義憤填膺！絕不能容許香港某些人以「佔中」引入「台獨」的陰謀得逞！

《文匯報》　2013-10-31

保留「功能組別」意義重大

　　立法會「功能組別」對香港的繁榮穩定非常有利，因為要保持原有的資本主義制度，必然要求香港的政治體制能夠兼顧各階層、各界別和各方面的利益，既包括勞工階層的利益，也包括工商界的利益，做到均衡參與。

　　試想，沒有工商界何來香港的資本主義？不能保持工商界的均衡參與，就不能保持香港原有的資本主義制度。工商界的利益如果失去憲制上的保護，最終也不利於香港經濟的發展，如此，也就脫離了基本法保障香港原有的資本主義制度不變的立法原意。須知，香港政制的設計，必須符合港情，保障香港人利益。

　　香港是外向型經濟，保持對外競爭力至為重要，因此，政制設計一定要保護香港原有的經濟架構，對這方面經濟有貢獻的行業和階層，理應讓其專業代表參加立法會運作，以其專業知識，提升立法會的監察質量，保證不同行業的利益得到平衡。

　　功能組別代表參加立法會的獻策建言工作，有利於香港保持金融服務中心、貿易中心、航運中心和旅遊中心的地位；有利於香港的產業重組和規劃。這些專業人士，在各自的專業領域裏都是翹楚人物，擁有國際視野和專業知識，有助提升立法水準，平衡不同階層和不同行業利益，有助政策的連貫性和穩定性，推動經濟可持續發展。

　　回顧香港代議政制之初，部分議席由功能團體選舉出來，有助於平衡各個不同階層及業體的比例，這大大有利於香港保持繁榮穩

定。因此，在討論功能組別存廢時，除了要體現民主普選的精神之外，也要兼顧香港獨特的政制發展史以及有利於資本主義發展的需求。如果我們認為功能組別具有一定的政治價值，應該保留下來，那就必須從法律的角度，把功能組別選舉和普選結合起來。

香港的政制發展，既應切實符合基本法「循序漸進」的原則，亦應容許社會各界及政治團體有更多時間準備，經過歷練後，方有能力迎接全面普選的來臨。

立法會的功能除了討論政治議題外，主要關乎民生及經濟發展，所以選舉方法必須保障不同界別的聲音及意見。根據香港的實際情況，首先是一個多元化的國際經濟城市，社會各階層、各界別及各方面都有不同的切身利益，因此政治體制需要顧及各方面的利益。

香港作為國際化的經濟城市，處於瞬息萬變的國際市場漩渦之中，在競爭日趨激烈的大環境下，生存備受考驗。這就需要各行各業的專業人士與特區政府共同謀劃發展經濟和改善民生的主題，緊緊地把握國家發展機遇，才能繼續保持香港的綜合優勢，在國際競爭中佔據更加有利的地位。

《文匯報》　2010-01-26

確保港商內地投資權益

自 2004 年元旦起,《內地與香港關於建立更緊密經貿關係的安排》(簡稱 CEPA),經過第一階段和第二階段的實施,放寬了香港貨品和服務業進入內地市場的條件,取得了顯著效益。據特區政府日前面向本港近二千家企業和各商會進行的調查顯示,CEPA 對香港企業和整體經濟發展有相當的裨益。不過,由於內地相關法規還須進一步完善,加之內地某些經貿政策的連續性、透明度和規範性尚未完善,因此令港商在內地的部分投資權益受到不同程度的侵害。鑒於此,業界人士認為,CEPA 第三階段在側重於推行貿易和投資便利化措施的同時,還應重視保障港商在內地的投資權益。

侵權影響投資信心

眾所周知,香港是中國內地最大的貿易夥伴和外商直接投資的中轉站之一。據國家有關部門統計,香港在內地的投資,截至二○○五年五月底止,合同金額 4854.87 億美元,實際利用 2476.59 億美元。可以說,港商在為中國經濟發展做出了巨大貢獻的同時,自己也獲得了豐厚的回報。自實施 CEPA 以來,港商到內地投資的興趣不斷增加。不過,現在港商到內地投資,同幾年前到內地投資,情況確實發生了很大的變化,除了要面對愈來愈激烈的競爭外,還要面對內地投資軟環境變化所出現的一些不良現象。

　　不可否認，為了使 CEPA 順利實施，中央政府及內地各有關部門已做了大量的工作，包括制定相關法規，為 CEPA 實施提供法律保障，建立網絡專線，加強技術保障等。然而，由於內地與香港實施兩種不同的社會制度，營運環境和商業規則畢竟有所不同，加之內地的相關制度在完善過程中，難免存在一些灰色地帶。值得關注的是，近年來內地出現了部分港商的正當投資權益遭到侵害的情況。譬如，港商經常要面對社會上黑惡勢力的勒索詐騙，要冒民間合約缺失等風險，有時還會遭遇因地方行政和司法系統腐敗而造成的不白之冤。業界人士提出，倘若任由這種侵權情況惡化，會影響投資信心。

堅持法制信守合約

　　經濟學者指出，由於內地存在地方政府職責不清、不受約束地行使公權力的現象，不適當介入和干預原本是市場主體之間的經濟糾紛問題，致使地方政府權力私利化，在某種程度上成了市場經濟改革的阻力，這是當前中國內地市場經濟發展過程中面臨的首要問題。其實，早在一九九〇年國務院就出台了《行政複議條例》，後來到了一九九九年又出台了《行政複議法》。許多實例亦證明，《行政複議法》應是解決經濟法律糾紛的多元途徑中的一個重要手段。但到目前為止，這項法律實施的情況還是不盡如人意。看來，應先從進一步完善和健全法制入手，正確處理好政府與市場之間的關係，方能保障外商合法的投資權益。

　　筆者認為，在維護司法權威的同時，還應通過宣傳教育，營造一個具有一定社會誠信和社會公德的投資環境。須知，只有堅持法治和合約精神，才會出現「萬商雲集」的景象，在留住現有投資者的基礎上，吸引更多的投資者。相信通過類似的宣傳教育活動，以及假以時日的依法行政實踐，中國的法治建設將擁有更多的經驗，對於解決日益增多的各種經濟糾紛產生積極影響，並進一步推動整個社會的法治進程。

開闢專門申訴渠道

　　應該看到，CEPA 條款是完全開放的，在執行中可進一步完善和發展。特區政府有責任對港商在內地的投資權益予以保障，並爭取在 CEPA 第三階段的談判中，與中央政府就如何保障港商權益達致適當的安排。事實上，不少國家或地區都有官方或民間的機構關注其企業在內地的貿易和投資權益，並在必要時提供協助。

　　業界人士提出，雖然內地與港澳分別成立了相關的聯合指導委員會，但在目前情況下，可以探討建立一個由中央政府、特區政府和工商界三方組成的常設性協調機制，開闢申訴和溝通的渠道，並提供法律和其他方面支援，以便靈活、高效地協助港商排解在內地經商投資所遇到的困難。另外，對 CEPA 實施過程中出現的問題，如港商在內地的投資權益受到侵害及其對兩地經濟發展的影響，具體情況如何，亦應有專門研究機構予以經常性關注，並及早作出準確判斷。

注：本文在 2005 年就提出確保港商內地投資權益的問題，此問題嚴重備受關注。2019 年兩會審議通過的《外商投資法》將從 2020 年 1 月 1 日實施，屆時會取代目前在中國投資適用的「外資三法」：《中外合資經營企業法》《外資企業法》《中外合作經營企業法》。在外商投資法配套法規中，將對港澳台投資作出明確、具體的規定，過去實施的行之有效的對港澳台優惠政策不會改變，不僅要讓港澳台投資企業合法權益受到有效保護，還要讓其有更多發展機遇。

《大公報》　2005-09-14

力保比較優勢　提高應變能力

在歷經亞洲金融風暴、SARS 等多重打擊之後，香港競爭力仍然保持強勁，在全球名列前茅，受到國際專業機構的肯定。這對於某些認為「香港優勢不在」的妄自菲薄者來說，不啻是一針清醒劑。當然，在全球經濟一體化日趨激烈的競爭面前，香港遏止競爭力下滑的最好辦法應是力保香港的比較優勢，提高應變能力。

香港對內地的比較優勢首先乃是作為一個自由港。香港奉行自由市場經濟，遵循特定的市場價值規律，具有健全的法律制度、公平的營商環境、完善的市場監管制度，這些都是香港賴於成功的優勢所在。

從香港作為亞洲主要金融業務管理中心來看，其匯聚了大量具有國際視野的專業精英，可以與中國內地省市的同業交流管理技術及經驗，促進內地金融業的發展。

回歸祖國後，香港與內地的經濟現互相滲透、互相依存，可謂「唇齒相依」，這是香港經濟發展不可忽視的「內地因素」。特別是當中國企業與國外企業在世界經濟舞台上處於同一起跑線時，企業的綜合素質和競爭能力就會成為企業能否立於不敗之地的關鍵因素。而香港經濟與世界經濟體系一向密切聯繫，香港的企業管理也早已同世界接軌，可擔當內地企業「走出去引進來」的重要增值平台，又可成為外資進入龐大中國市場的最佳通道。誠然，着眼於保持和發揮香港的比較優勢，是為了鞏固及提高香港長久的競爭力。由於經濟的結構性問題，香港正在逐步喪失原先的比較優勢，並面

臨着來自內地和全球經濟的挑戰。因此，政府應未雨綢繆，制定長遠的發展規劃。

筆者認為，除了以香港資金、信息、管理及市場等強項結合內地的低成本及科技力量實行優勢互補外，若能以香港市場的高度自由化配合內地政府強有力的「積極干預」，採取一系列共同促進產業發展的政策措施，充分發揮市場的作用，將能加快香港經濟結構調整，大大提升在國際上的競爭力。

香港作為國際性商業和金融中心，是個外向型國際城市，面對經濟全球化潮流，政府更應審時度勢，正確釐定經濟轉型升級的方向，建立起快速反應的決策管理機制，才能贏得市場，掌握市場競爭的主動權。

事實上，特區政府過往對於一些需要盡快調整的經濟政策有拖延現象，以致錯失某些良機。因此，建議特區政府設立專門的策略研究機制，及時地將社會各方面的信息和意見加以集中研究，經過去偽存真，取其精華，作為調整經濟政策的依據，繼而盡快地付諸行動。同時，在執行相關政策和措施時，亦須加強檢查和監管，提高施政透明度。

《文匯報》　2004-11-08

在信息化條件下重塑僑資文化

2003 年福建僑資企業文化節舉辦了「企業文化論壇」，來自世界各地的閩籍華人歡聚一堂，互相交流經貿合作與發展的見解，為家鄉福建省更加繁榮富強而出謀獻策。本人就「如何在信息化條件下重塑僑資文化」作了書面發言，並提出以下的三點意見：

第一，應強化僑資企業的紐帶與橋樑作用。眾所周知，知識經濟、網絡經濟時代已經到來，在這樣的經濟大氣候下，跨國公司的影響將越來越廣泛。中央政府在經濟工作會議上分析經濟全球化和發展趨勢時，曾提到三個值得高度關注的動向，除了世界範圍內的經濟結構調整和科技創新外，將跨國公司的影響力日益增長列為第三項。因為，在經濟全球化的激烈競爭下，市場必然要求生產產品的各種生產要素進行優化配置，共同合作發展，方能以最小的消耗，謀取最大的利潤。從這方面來看，遍佈世界各地的華人及港澳同胞，將會繼續是跨國公司與中國內地聯繫的紐帶和橋樑。

第二，利用現代的網絡信息和操作手段，大力推動區域間相互合作。中國改革開放二十年來取得了令人矚目的巨大成就，其中一個重要的原因，就在於擁有分佈於世界各國的五千萬熱愛祖國的華人、華僑，還有廣大愛國愛鄉的港澳台同胞，他們都有一顆中國心，永不忘根，積極為弘揚中華民族優秀文化，為中國的經濟建設發展投資或牽線搭橋作貢獻。這是中國在世界上獨一無二的優勢。中國改革開放的成就已經證明，區域之間進行合作，共同促成各種合作項目與產業，可以達到「相互兼容，取長補短」，進一步提高競

爭力。這應該也是新經濟發展的重要路向。

第三，建立網絡化製造體系，加強企業內部溝通，這一點對於華人經濟合作的模式同樣是非常適用的。因為華人遍及世界各地，其中不乏從事網絡網際工作的人才。當然，為適應網絡化製造體系的要求，製造業在組織形式、經濟模式和管理機制上也需要作出相應的創新。顯而易見，網絡信息技術的發展，為建立反應敏捷的網絡化製造業提供了堅實的物質基礎。同時，也為重塑僑資文化創造了極為便利的條件。

只要全世界包括港澳台同胞在內的華人携手團結，加強溝通，進一步開啟全方位高層次的合作，共同開發高新技術，祖國的完全統一和中華民族偉大振興的目標就一定可以實現，中華民族將永遠屹立於世界民族之林。

（注：此為作者在「2003 年福建僑資企業文化節論壇」上的書面發言節錄）

《大公報》　2003-09-18

應在香港大力推廣普通話

文字改革會議和現代漢語規範問題學術會議上確定，普通話的定義是「以北京語音為標準音，以北方話為基礎方言，以典範的現代白話文著作為語法規範的現代漢民族共同語」。這個定義實質上從語音、詞匯、語法三個方面提出了普通話的標準，即我國的官方語言是普通話。因此，普通話的語音標準，應該以 1985 年公佈的《普通話異讀詞審音表》以及 2005 年版的《現代漢語詞典》為規範。

在外國一般卻以為我國的語言包括普通話、粵語和閩南話三種。有的國家甚至分不清粵語和普通話，以為粵語是官方語言，從國外引用漢語音譯的好多詞匯就可以看出，如：Hong Kong（香港）等。

流利的普通話可能指向未來的財富和成功，香港不少國際學校更是只講英語和普通話，教普通話的幼兒園、小學成為熱門選擇。在時代浪潮下，香港部分年輕人不順應潮流的「懼普」與「反普」情緒，可謂自我設限的寫照。

普通話和國語從語言系統上來講是一致的，都是我們國家的語言系統，都是普通話的系統。繁體字和簡化字也容易識別，只是在一些用詞上可能有差別。據調查，在大陸投資台商最大的願望就是一定要大力推廣普通話，因為他們能聽懂廈門的閩南話，而福州方言卻完全聽不懂，但普通話都能聽懂。所以，語言實際上是溝通的工具，語言是相通的，心也才能相連。可以說，拒絕普通話等於拒絕內地，就像魚被困在池塘裏，很難融入內地發展大潮中。

香港被英國管治一百多年，語言殖民化是不爭的歷史事實。

學者研究指出，語言殖民主義是文化殖民主義的一個重要的組成部分，它意味着強勢語言更大範圍的傳播。由於語言與文化有着密切的關係，當文化被提及時，我們無法忽視語言的存在。應該讓香港年輕人認清，普通話是 14 億中國人口使用的「國家通用語言」，香港已回歸祖國，終將告別語言殖民化時代！以普通話作為交流工具，可以說走遍祖國大地無障礙。我國這些年快速發展，成為世界第二大經濟體，中文熱也隨之走向全球。各國的政治人物、商界翹楚，紛紛對普通話大感興趣。

回歸後，香港所有小學和中學所有初中部的普通話科都是必修科，所以會有普通話教學，甚至有的小學和中學初中部會用普通話教中文科。其實，學習多一種語言只有好處，沒有壞處。但是，香港有些人打出「保衛廣東話」的旗幟反對學普通話。他們提出非常錯誤的口號，即學習普通話就是消滅廣東話（粵語），消滅廣東話就是香港放棄「一國兩制」，以不學普通話來「保衛」「一國兩制」，這種思維不符合邏輯！

《文匯報》 2018-02-03

隨緣筆耕

楊孫西文集

□ 責任編輯：黃　帆
□ 裝幀設計：高　林
□ 排　版：賴艷萍
□ 校　對：盧爭艷
□ 印　務：劉漢舉

著者　　楊孫西

出版　　中華書局（香港）有限公司
　　　　　香港北角英皇道 499 號北角工業大廈一樓 B
　　　　　電話：（852）2137 2338　傳真：（852）2713 8202
　　　　　電子郵件：info@chunghwabook.com.hk
　　　　　網址：http://www.chunghwabook.com.hk

發行　　香港聯合書刊物流有限公司
　　　　　香港新界大埔汀麗路 36 號
　　　　　中華商務印刷大廈 3 字樓
　　　　　電話：（852）2150 2100　傳真：（852）2407 3062
　　　　　電子郵件：info@suplogistics.com.hk

印刷　　美雅印刷製本有限公司
　　　　　香港觀塘榮業街 6 號 海濱工業大廈 4 樓 A 室

版次　　2019 年 10 月初版
　　　　　© 2019 中華書局（香港）有限公司

規格　　32 開（230mm×152mm）

ISBN　　978-988-8573-97-4